中国民族语言学会主办

中国民族语言学报

第二辑

《中国民族语言学报》编委会 编

2019年·北京

图书在版编目(CIP)数据

中国民族语言学报.第2辑/《中国民族语言学报》编委会编.—北京:商务印书馆,2019
ISBN 978-7-100-17042-0

Ⅰ.①中… Ⅱ.①中… Ⅲ.①民族语—中国—学报 Ⅳ.①H2-55

中国版本图书馆 CIP 数据核字(2019)第 010703 号

权利保留,侵权必究。

ZHŌNGGUÓ MÍNZÚ YǓYÁN XUÉBÀO
中国民族语言学报
第二辑
《中国民族语言学报》编委会 编

商 务 印 书 馆 出 版
(北京王府井大街36号 邮政编码100710)
商 务 印 书 馆 发 行
北 京 冠 中 印 刷 厂 印 刷
ISBN 978-7-100-17042-0

2019年5月第1版　　　　开本 787×1092　1/16
2019年5月北京第1次印刷　　印张 10½
定价:38.00元

《中国民族语言学报》编委会

学术顾问：
  孙宏开（中国社会科学院民族学与人类学研究所）
  戴庆厦（中央民族大学中国少数民族语言文学学院）
  道　布（中国社会科学院民族学与人类学研究所）
  陈其光（中央民族大学中国少数民族语言文学学院）
  瞿霭堂（中国人民大学文学院）
  黄布凡（中央民族大学中国少数民族语言文学学院）
  胡　坦（中国藏学研究中心）
  潘悟云（复旦大学中华文明数据中心）
  力提甫·托乎提（中央民族大学中国少数民族语言文学学院）

编委会主任：
  尹虎彬（中国社会科学院民族学与人类学研究所）

编委（按音序排列）：
  阿不都热西提·亚库甫（中央民族大学中国少数民族语言文学学院）
  薄文泽（北京大学外国语学院）
  曹道巴特尔（中国社会科学院民族学与人类学研究所）
  曹志耘（浙江师范大学）
  朝　克（中国社会科学院民族文学研究所）
  陈保亚（北京大学中国语言文学系）
  丁石庆（中央民族大学中国少数民族语言文学学院）
  范俊军（暨南大学文学院）
  呼　和（中国社会科学院民族学与人类学研究所）
  胡素华（中央民族大学中国少数民族语言研究院）
  黄成龙（中国社会科学院民族学与人类学研究所）
  黄　行（中国社会科学院民族学与人类学研究所）
  江　荻（中国社会科学院民族学与人类学研究所）
  蓝庆元（中国社会科学院民族学与人类学研究所）
  李大勤（中国传媒大学文学院）

李锦芳（中央民族大学中国少数民族语言文学学院）
李云兵（中国社会科学院民族学与人类学研究所）
刘宝俊（中南民族大学文学与新闻传播学院）
刘丹青（中国社会科学院语言研究所）
王　锋（中国社会科学院民族学与人类学研究所）
王双成（上海师范大学人文与传播学院）
徐世璇（中国社会科学院民族学与人类学研究所）
尹虎彬（中国社会科学院民族学与人类学研究所）
曾晓渝（南开大学文学院）
张定京（中央民族大学中国少数民族语言文学学院）
赵明鸣（中国社会科学院民族学与人类学研究所）
周庆生（中国社会科学院民族学与人类学研究所）

本期执行主编：
　　王　锋（中国社会科学院民族学与人类学研究所）
　　周庆生（中国社会科学院民族学与人类学研究所）

本期执行副主编：
　　燕海雄（中国人民大学文学院）

本期执行编辑：
　　尹蔚彬（中国社会科学院民族学与人类学研究所）
　　张　军（中国社会科学院民族学与人类学研究所）
　　黄晓蕾（中国社会科学院民族学与人类学研究所）
　　龙从军（中国社会科学院民族学与人类学研究所）
　　胡鸿雁（中国社会科学院民族学与人类学研究所）
　　韦　韧（中国社会科学院民族学与人类学研究所）

Journal of Chinese Ethnolinguistics

Editorial Committee

Academic Advisors:

Sun Hongkai (Institute of Ethnology and Anthropology, Chinese Academy of Social Sciences)

Dai Qingxia (School of Chinese Ethnic Minority Languages and Literature, Minzu University of China)

Daobu (Institute of Ethnology and Anthropology, Chinese Academy of Social Sciences)

Chen Qiguang (School of Chinese Ethnic Minority Languages and Literature, Minzu University of China)

Qu Aitang (School of Liberal Arts, Renmin University of China)

Huang Bufan (School of Chinese Ethnic Minority Languages and Literature, Minzu University of China)

Hu Tan (China Tibetology Research Center)

Pan Wuyun (Chinese Civilization Data Center, Fudan University)

Litip Tohti (School of Chinese Ethnic Minority Languages and Literature, Minzu University of China)

Chairman of Editorial Committee:

Yin Hubin (Institute of Ethnology and Anthropology, Chinese Academy of Social Sciences)

Editorial Committee:

Abdurishid Yakup (School of Chinese Ethnic Minority Languages and Literature, Minzu University of China)

Bo Wenze (School of Foreign Languages, Peking University)

Cao Zhiyun (Zhejiang Normal University)

Chaoke (Institute of Ethnic Literature, Chinese Academy of Social Sciences)

Chen Baoya (Department of Chinese Language and Literature, Peking University)

Ding Shiqing (School of Chinese Ethnic Minority Languages and Literature, Minzu University of China)

Fan Junjun (School of Literature, Jinan University)

Huhe (Institute of Ethnology and Anthropology, Chinese Academy of Social Sciences)

Hu Suhua (Academy of Chinese Ethnic Minority Languages, Minzu University of China)

Huang Chenglong (Institute of Ethnology and Anthropology, Chinese Academy of Social Sciences)

Huang Xing (Institute of Ethnology and Anthropology, Chinese Academy of Social Sciences)

Jiang Di (Institute of Ethnology and Anthropology, Chinese Academy of Social Sciences)

Lan Qingyuan (Institute of Ethnology and Anthropology, Chinese Academy of Social Sciences)

Li Daqin (School of Literature, Communication University of China)

Li Jinfang (School of Chinese Ethnic Minority Languages and Literature, Minzu University of China)

Li Yunbing (Institute of Ethnology and Anthropology, Chinese Academy of Social Sciences)

Liu Baojun (School of Literature, Journalism and Communication, South-Central University for Nationalities)

Liu Danqing (Institute of Linguistics, Chinese Academy of Social Sciences)

Sodbaator (Institute of Ethnology and Anthropology, Chinese Academy of Social Sciences)

Wang Feng (Institute of Ethnology and Anthropology, Chinese Academy of Social Sciences)

Wang Shuangcheng (College of Humanities and Communications, Shanghai

Normal University)

Xu Shixuan (Institute of Ethnology and Anthropology, Chinese Academy of Social Sciences)

Yin Hubin (Institute of Ethnology and Anthropology, Chinese Academy of Social Sciences)

Zeng Xiaoyu (School of Literature, Nankai University)

Zhang Dingjing (School of Chinese Ethnic Minority Languages and Literature, Minzu University of China)

Zhao Mingming (Institute of Ethnology and Anthropology, Chinese Academy of Social Sciences)

Zhou Qingsheng (Institute of Ethnology and Anthropology, Chinese Academy of Social Sciences)

Executive Editors-in-Chief:

Wang Feng (Institute of Ethnology and Anthropology, Chinese Academy of Social Sciences)

Zhou Qingsheng (Institute of Ethnology and Anthropology, Chinese Academy of Social Sciences)

Deputy Executive Editor-in-Chief:

Yan Haixiong (School of Liberal Arts, Renmin University of China)

Executive Editors:

Yin Weibin (Institute of Ethnology and Anthropology, Chinese Academy of Social Sciences)

Zhang Jun (Institute of Ethnology and Anthropology, Chinese Academy of Social Sciences)

Huang Xiaolei (Institute of Ethnology and Anthropology, Chinese Academy of Social Sciences)

Long Congjun (Institute of Ethnology and Anthropology, Chinese Academy of Social Sciences)

Hu Hongyan (Institute of Ethnology and Anthropology, Chinese Academy of

Social Sciences)
Wei Ren(Institute of Ethnology and Anthropology, Chinese Academy of Social Sciences)

目　录

编者的话……………………………………………………周庆生　1
语言国情调查的几个问题……………………………………戴庆厦　4
我国政府民族语言规划的差异与变化………………………黄行　13
民族语文翻译服务探析………………………………李旭练　唐超　23
明代初年建立的外来语翻译规范……………………………晁瑞　29
中国少数民族语言资源保护：进程、问题与相关策略……丁石庆　41
信息化条件下的民族语言文字研究…………………………龙从军　52
藏语文使用现状调查及对策研究
　　——以四川藏区两州为例……………………才旦本　德拥　68
三亚迈话族群的语言使用状况
　　……………………江荻　欧阳觉亚　邹嘉彦　钱志安　79
论布依语方言土语的划分
　　——兼从"通解度"的视角考察………………周国炎　卢晓琳　90
苗文创制与试验推行60年的意义和存在的问题……………李云兵　101
傣泐文改进及相关问题的思考………………………………戴红亮　110
论官话、国语与普通话的历史继承和概念转换……………黄晓蕾　121
2017年度民族语言应用研究综述
　　………………王锋　燕海雄　尹蔚彬　张军　黄晓蕾　龙从军　135

CONTENTS

Editor's Note ·· Zhou Qingsheng   1
Several Issues Regarding Surveys on National Linguistic
    Conditions ·· Dai Qingxia   4
Differences and Changes of Chinese Government's Ethnic
    Minority Language Planning ······························· Huang Xing   13
A Study on the Translation Services of Spoken and Written
    Ethnic Minority Languages ···················· Li Xulian & Tang Chao   23
The Norms of Foreign Language Translation in the Early Years
    of the Ming Dynasty ·· Chao Rui   29
Protection of Minority Language Resources in China: Process,
    Problems and Related Strategies ························· Ding Shiqing   41
Research on Spoken and Written Ethnic Minority Languages
    under Informatization Conditions ······················· Long Congjun   52
Survey on the Current Situation of Use of the Spoken and
    Written Tibetan Language and Countermeasures: Cases
    of the Two Autonomous Prefectures in Sichuan Province
    ·· Caidanben & Deyong   68
Language Use Status of the Mai Dialect in Sanya
    ················ Jiang Di, Ouyang Jueya, Zou Jiayan & Qian Zhi'an   79
On the Classification of Bouyei Vernaculars: The Perspective
    of Mutual Intelligibility ··················· Zhou Guoyan & Lu Xiaolin   90
Significance and Existing Problems of the Creation and 60 Years'
    Trial Promotion of the Miao Writing Systems
    ·· Li Yunbing   101
Reflections on the Improvement of the Writing System of Daile
    and Related Issues ··· Dai Hongliang   110
The Historical Inheritance and Concept Transformation of Mandarin,

National Language and Putonghua ·················· Huang Xiaolei 121

A Review of Application-oriented Research on Ethnic Minority
　Languages in 2017 ············ Wang Feng, Yan Haixiong, Yin Weibin,
　　　　　　　　Zhang Jun, Huang Xiaolei & Long Congjun 135

编 者 的 话

中国民族语言学会委托王锋研究员和我主编一期少数民族语言文字应用研究专刊，作为《中国民族语言学报》（第二辑）（以下简称《学报》）出版，我得知后，无比兴奋。这是复兴少数民族语言文字应用研究的重要举措，对推助少数民族语言文字应用学科建设，也具有十分重要的意义。

王锋研究员、燕海雄副研究员以及中国社会科学院民族学与人类学研究所民族语言应用研究室的全体同仁，组织召开该专题研讨会，筛选相关稿件，并诚挚邀请相关知名专家学者赐稿，做了大量的前期准备工作。

本期《学报》收录论文13篇，大致分为语言规划、语言国情和语言使用、语言保护、文字创制和改革、信息化和语言识别以及语言翻译等6个研究领域，另有研究综述1篇。

语言规划研究，包括规划对比和规划理论两个方面。

黄行的《我国政府民族语言规划的差异与变化》，分别描述了国家语委和国家民委"十三五"语言事业规划发展目标，分析了两部委语文规划涉及的"语言信息化建设、语言服务、语言资源和语言翻译"等方面的工作任务，对比了相关术语表述的异同，提出民族地区原本统一的语言社会生活，因政府部门之间不同的职能分工，可能会被人为分隔，从而对民族地区语言社会生活发展造成潜在的影响。

黄晓蕾的《论官话、国语与普通话的历史继承和概念转换》提出，从"官话"到"国语"再到"普通话"，经历了漫长而复杂的选择过程。明清时期，"官话"地位占优，但还是一种区域交际语言。20世纪初，官话转为"国语"，使用人口、使用地域急剧扩展，政治地位得到初步认定。中华人民共和国成立，国语转为"普通话"，官方认定其为中国汉民族共同语及全国通用语言。

语言国情和语言使用研究，收录了语言国情调查和语言使用状况研究的三篇论文。

戴庆厦的《语言国情调查的几个问题》，论证了语言国情调查的理论意义和应用价值，回顾了我国语言国情调查的历史，提出开展语言国情调查的几项原则："要摸着石头过河""要学会换位思考""要增强国家行为的观念"，并呼吁开展一次新的"语言国情大调查"。

江荻、欧阳觉亚、邹嘉彦、钱志安的《三亚迈话族群的语言使用状况》，简要描述了海南省三亚市凤凰镇羊栏村迈话群体及其方言使用状况,从迈人的词汇创新更替和代际差异揭示了社会发展引起的语言变化,从迈话词汇变化透视社会发展。

才旦本、德拥的《藏语文使用现状调查及对策研究——以四川藏区两州为例》,采用访谈、问卷、文献搜集、数据统计分析等方法,调查四川省阿坝藏族羌族自治州和甘孜藏族自治州各级政府职能部门,分析藏语康方言、安多方言和一些"地脚话"的使用情况,厘清了四川省藏语文的使用现状和存在问题,提出了相应对策。

语言保护研究,收录了丁石庆的《中国少数民族语言资源保护:进程、问题与相关策略》一文,该文总结了中国语言资源保护工程少数民族语言调研专项任务的进展状况,分析了若干现存问题,譬如前期工作不足、管理运作机制存在缺陷、人为主观因素,等等。针对这些问题,提出了相关举措。

文字创制和改革研究,收录了两篇论文。

李云兵的《苗文创制与试验推行60年的意义和存在的问题》提出,国家帮助创制的苗文试验推行60年,取得了很大成就,但仍然存在一些问题。论文讨论了苗文创制与推行60年来的意义及存在的问题,提出了解决问题的相应对策。

戴红亮的《傣泐文改进及相关问题的思考》,回顾了1954年以来西双版纳老傣文的改进过程,反思其中的科学性与人文性问题,认为许多传统文字沉淀累积了历史上不同时期的优秀成果,留下了大量的文献典籍。文字改革如果过于强调科学性,该文字就会变动太大,失去人文性。如果既能坚持科学性,又能考虑人文性或习惯性,遇到的阻力或许会更小,成功的可能性会更大。

语言识别和信息化研究,包括语言信息化理论及语言识别方法的两篇论文。

龙从军的《信息化条件下的民族语言文字研究》提出,中华人民共和国成立后,民族语言信息化研究经历了摸清家底、理清现状、制定规范和标准、深化结构描写,开展语言资源保护研究等阶段。当今,语言信息化和智能化十分重要,需要不断营造民族语言文字适应时代特点的环境。

周国炎、卢晓琳的《论布依语方言土语的划分——兼从"通解度"的视角考察》认为,20世纪中期,根据语音特点划分布依语的方言土语有其科学性,但在交际应用中,相关文献的描述比较模糊,无法确定不同土语之间的可懂度到底有多大。但若进行"语言通解度测试",或许是解决该问题的理想方法。

语言翻译研究,收录了语言翻译对策和明代语言翻译原则研究的两篇论文。

李旭练、唐超的《民族语文翻译服务探析》,从文化"走出去"和"一带一路"的角度,描述了我国民族语文使用、翻译、传播及语言服务现状,分析了民族语文翻译工作中服务意识、人才队伍、传播方式等方面的问题,提出了相关对策建议。

晁瑞的《明代初年建立的外来语翻译规范》，以明代《华夷译语》和《蒙古秘史》为语料，归纳出四项外来语翻译原则：(1)人名、地名等用音译，其他多用意译。(2)源语言为外来语，语篇中每段用文言译出大意。(3)目标语是外来语，每句必译，中国特有的文化词，用直白语言译出。(4)编纂词典坚持词义对等原则，不考虑外来语的语法形态。

如今中国进入了一个新时代，正在全面复兴传统文化，这就要求我们要有一定的历史眼光，历史眼光可以增加厚重感；当下中国正在实施"一带一路"文化走出去的大战略，这就要求我们要有一定的世界眼光，世界眼光可以使我们的视野更开阔，认识更全面。

有了这两种眼光，回过头来再看少数民族语言文字的应用问题、语言资源保护保存问题、经典文献翻译和传播问题、家庭语言规划问题、语言与贫困的关系问题、语言服务和语言产业问题等，也许我们会发现更前沿、更本质、更具方向性和战略性的语言问题。

周庆生

2018年5月19日于北京中纺里寓所

语言国情调查的几个问题

戴 庆 厦

提要：本文论述三个问题：语言国情调查的理论意义和应用价值；我国语言国情调查的历史回顾；开展语言国情调查的几点体会。在体会部分强调语言国情调查"要摸着石头过河""要学会换位思考""要增强国家行为的观念"。文末呼吁开展一次新的"语言国情大调查"。

关键词：语言国情　调查　问题

"语言国情"又称"语情"，是近年来语言学界的一个热门话题。因为，全面科学地了解语言国情，是做好语言工作的基础；对语言国情认识不清、把握不准，是难以做好符合实际的语文工作的。这是经验，过去是有教训的。

本文呼吁重视语言国情调查，并报告自己对语言国情调查的一些体会。主要谈三个问题：一、语言国情调查的理论意义和应用价值；二、我国语言国情调查的历史回顾；三、开展语言国情调查的几点体会。

一 语言国情调查的理论意义和应用价值

语言国情调查具有重要的理论意义和应用价值。对于这一问题，不是一下子就能认识清楚的，也不是所有的人都有同样的认识。这是需要我们语文工作者去逐步认清、不断统一认识的。

1.1 语言国情是国情的重要组成部分

语言、文字如同山川、河流、土地、矿产一样，是一个国家拥有的资源，也是一个国家国情的一部分。国情中的语言、文字，称为语言国情，是人们日常生活中须臾不能缺少的，社会依靠它生存、发展。可以说，它是一种珍贵的、不可替代的非物质文化遗产。

1.2　认识语言国情才能制定正确的语文方针政策

一个国家的成败,关键之一是有无正确的方针政策。能否处理好一国的语言文字问题,关键之一是有无正确的语文方针政策。

正确的语文方针政策,要靠对语文状况(包括语文特点、语文使用、语文关系、语文发展趋势等)有比较清楚的了解,否则就不能制定切合实际的、有针对性的、能解决问题的方针政策。

比如,新中国成立初期提出的"各民族都有使用和发展自己语言文字的自由",就是根据我国是一个多民族、多语言、多文种的语言国情以及存在民族问题、语言问题的实际提出的;2011年提出的"科学保护各民族语言文字",是根据现代化进程中语言发展遇到的新问题,以及少数民族语言在强势语言影响下出现了衰退甚至濒危的趋势而提出的。这两条方针的提出是有语言国情依据的。

1.3　认识语言国情才能解决好语言文字的应用问题

语言文字的应用存在什么问题,问题的性质是什么,要怎样解决,需要对语言的实际情况进行符合事实的调查、了解,否则就不可能"对症下药"。不同国家的国情不同,语言国情也不同,要根据自己的国情办事。

1.4　语言国情调查有助于语言学科及相关学科的建设和发展

语言学研究必须立足于本土资源,而要有效地挖掘本土资源就必须认识语言国情。况且,语言国情研究也是语言研究的内容。语言学家从语言国情的现状及变化上,能够获知语言的特点及其演变规律,能够获取语言演变的共性和个性。也就是说,语言学科的发展必须从语言国情调查中汲取养料。

民族学、社会学、历史学、宗教学等人文学科与语言学关系密切,所以语言国情调查还能为这些学科的发展提供大量有用的认识和资料。

总的说来,语言国情调查具有重大的理论意义和应用价值。它是民族语文工作的一部分,是民族语文研究的一部分。开展语言国情调查,是语文工作者必须做的工作,是语文工作者不可推卸的责任。语文工作者从语言国情调查中也会尝到甜头,得到丰硕的收获。

二　我国语言国情调查的历史回顾

梳理我国语言国情调查的历史情况，明白过去做过哪些事，是怎么做的，对于我们做好今后的语言国情调查很有必要。

2.1　新中国成立前的语言国情调查

中国古人早已朦胧地认识到调查了解语言、方言的重要性。相传，古代帝王为了了解民情，每年都派人到民间采集方言材料。汉代学者扬雄在前人收集的语料的基础上，再补充各地方言词语，汇成巨著《方言》。到了清代，方言调查又有了新的发展。

20世纪20年代以来，由于社会和学术的各种原因，方言和少数民族语言的调查受到一些学者的特别重视。1924年，北京大学成立了方言调查会，出现了一些记录、分析汉语方言的专著。抗战时期，以语言学为专业的一些西南联大师生在云南做了少数民族语言的调查，揭开了我国近代语言调查的序幕。

但在这之前的漫长历史中，人们对语言状况的调查只是零星的，而且各有自己的目的和兴趣，不完全是从语言国情角度所做的语言调查。

2.2　新中国成立以来的语言国情调查

新中国成立之初，人们对我国语言状况的认识是模糊不清的，这极大地影响了我国各项事业的开展。为了认识我国民族地区的语言国情，促进民族地区文化教育发展，党和政府在新中国成立以来曾经组织了四次民族语言状况的调查。

第一次是20世纪50年代全国性的少数民族语言大调查。这次调查的主要目的是调查少数民族语言文字的使用情况，为解决少数民族语言文字的使用和发展问题服务。当时，中国科学院和国家民委组织了700多人，分成7个调查队赴全国各少数民族地区进行了为期4年的调查。经过调查，掌握了我国民族语言文字的大致情况，为一些没有文字的民族创造了文字，为一些文字不健全的民族改革、改进了文字。这次调查得到中央的高度重视，周恩来总理和中国文字改革委员会吴玉章主任亲自参加少数民族语言调查训练班结业典礼大会，吴玉章主任还在会上做了报告。

第二次是20世纪80年代全国民族语言文字情况调查。这次调查由中国社会科学院民族研究所组织实施，目的是了解新时期我国少数民族语言的使用状况和文字使用问题。

第三次是20世纪90年代的民族语文调查。这次调查由中国社会科学院民族研究所和国家民委文宣司组织实施，目的是了解20世纪50年代新创和改革改进的文字的使用发展效果及存在的问题。

第四次是2005年以来开展的围绕现代化进程中民族语言变化的语言国情调查。2005年，由教育部支持的中央民族大学985工程，专门设立了"新时期中国少数民族语言使用情况系列研究"项目。参加人数300余人。经过近十年的努力，在全国少数民族地区开展了20多个语言使用个案调查，成果包括由商务印书馆出版的《新时期中国少数民族语言使用情况系列研究丛书》，共计23部。

这四次调查使我们对我国少数民族语言国情有了新的了解和认识。其成绩是巨大的，也是具有重大历史意义的，必将载入民族语文发展史册。通过上述四次调查，我们大体弄清了我国少数民族语言活力状况，认识到我国少数民族语言活力存在三种类型：一是健康的语言，这些语言能够随社会的发展而发展，满足本民族社会交际的需要，这种类型占了多数；二是语言活力出现不同程度的衰退，但仍然是少数民族日常生活不可缺少的交际工具；三是处于濒危状态的语言，其语言活力已大部分失去，人群中的大部分人已转用别的语言。此外，还有实际上已消亡的语言。类型的划分，使我们认识到我国各民族语言活力发展不平衡，其中二、三两种类型是我国"语言保护"的主要对象。

三 开展语言国情调查的几点体会

3.1 语言国情调查必须要有明确的目的

语言国情是动态的，处在不断变化之中。因此语言国情调查也必须是不断的、持续的，不是"一时一地"的权宜之计。但调查是为了解决问题，所以每次的语言国情调查，都必须根据国情的需要，提出具体的目的和要求。只有这样，才能获取有针对性的成果。

比如，20世纪50年代的语言大调查，国家动用了大量的人力、财力开展全国性的少数民族语言调查，完成了至今仍认为是取得巨大成绩的一次大调查。当时的目的很明确，主要是通过调查大致弄清中国少数民族语言文字的使用情况，为少数民族创制、改革、改进文字提供依据。所以，调查队员分赴全国各少数民族地区认真调查语言文字的情况，通过艰苦的调查，了解到中国有多少种语言，不同语言的方言差异情况如何，哪些民族有文字，哪些没有，应为哪些民族创制、改革、改进文字。这一举措，得到各民族的广泛赞同。

又如，2005年以来开展的语言国情调查，目标瞄准在认识现代化进程中少数民族语言使用情况的变化。20多个调查组分头到不同地区调查该地区的母语使用情况，掌握通用语的情况，并调查其成因。还调查了各地的社会、经济、文化情况，语言文字使用发展过程中存在的问题。调查的结果使得我们对新时期少数民族使用语言的状况有了新的了解，对如何解决新时期少数民族的语言文字使用问题做到"心中有数"。

3.2 "摸着石头过河"

语言国情调查是件新工程，前人没有留下多少经验，加上各次调查的目的、对象不同，在调查中不能照搬既有的做法，同用一个模式，而应当"摸着石头过河"，从实践中摸索具体的调查方法。

比如，2006年我带了一个由9名成员组成的"基诺族语言使用现状及其演变"调查组，赴云南省基诺山的基诺族山寨做语言国情调查研究。这是我们这次开展语言国情调查研究的第一个点。6月底，我们抱着好奇但心中无底的心情从北京出发直奔基诺山。当时，我们虽然对语言国情调查研究的重要性有一些认识，但要怎样做，怎样获取语言国情的具体材料，以及要形成哪些认识则是模糊的。到了基诺山安营扎寨后，我们一点一滴地摸索经验，不断补充、修改已有的方案。我们每天晚上都召开交流会，每人都谈每天的调查经验，哪些可行，哪些不可行，还要增加哪些办法等。只要是实践过的，证明是有效的、有用的，都吸取进来，成为我们的经验。

一个月的田野调查，我们认识到要做好语言国情调查研究，必须要有科学的宏观把握。科学的宏观把握是指在微观的、定量的调查分析的基础上，对一个民族、一个地区的语言使用状况有实实在在的把握和认识，而不能仅靠"开座谈会""道听途说"获取一知半解的认识。强调应深入村寨、社区的语言生活第一线做入户调查、访问，取得真实的第一手材料。

通过实践，我们对语言国情调查应怎样定位，应包括哪些内容等都有了一些认识。新的认识如：在我们这样一个多民族国家，除了调查母语能力外，还要调查兼用语能力；除了调查语言能力外，还要调查研究形成某一能力的成因（包括人口数量、分布特点、经济形态、历史来源、婚姻状况、民族关系、国家政策等），母语和兼用语的和谐与竞争的关系，语言功能的演变趋势（方向、速度、特点）等。

在调查中，我们认识到要重视调查现代化进程中语言国情的新特点、新变化。因为，在现代化进程中语言状况的变化相对会快些，一些弱势的语言或方言会在语言或方言的竞争中出现不同程度的衰变。要调查现代化进程中各种语言和方言变化的新特点、新规律。

选点，是语言国情调查的一个重要环节。点选得好不好，有无代表性，直接关系到所调查的材料能否科学地反映语言生活的实际。我们根据基诺族的语言状况和人口分布，一共选取了7个村委会的9个自然村和一个乡镇单位。这10个点的选择考虑到以下几个因素：聚居和杂居，人口多和人口少，先进和后进，村寨和城镇，交通地理（国道沿线、乡道沿线、茶马古道沿线）等。

如何划分调查对象的年龄，开始时也是模糊的，不知要如何区分不同年龄段的语言能力，也不知道怎样划分年龄段。做了几天的调查后，感到不同年龄段的人，在母语能力及兼用语的能力上都存在有规律的差异。于是，我们根据基诺族的情况，把语言能力分为四段：一是6—12岁的儿童段；二是13—18岁的少年段；三是19—59岁的中青年段；四是60岁以上的老年段。6岁以下的儿童由于语言尚不稳定，所以不在调查之列。

我们在调查中体会到，要做些具有代表性人物的深度访谈。因为深度访谈具体、真实，很容易就能得到我们所要了解问题的答案。要做好一个有质量的访谈录，必须事先做好准备，要提出明确但又能回答的问题，要让被访谈者感到你的诚恳和求知的态度。实践证明，语言国情调查报告中列出一些访谈记录，是读者很愿意读的。

我们还指定专人写每天的工作日志。工作日志包括每天调查的内容、遇到的问题、主要体会等。这是调查成果的一部分，对于了解调查成果会有帮助。

我们的调查大致分为四个阶段：一是准备阶段，收集、熟悉与课题有关的文献资料，制订初步的调查大纲和调查计划，提出经费预算，选择课题组成员。二是田野调查阶段，按调查计划到实地调查，要求成员把每天得到的材料及时整理完毕。在这一阶段，要经常碰头，交流信息和讨论遇到的问题。三是整理、撰写负责的章节，及时交主编审改。四是完成初稿，撤离调查点。

我们依靠"摸着石头过河"的工作方针，摸索了一套如何开展语言国情调查的方法。尽管是初步的，有待进一步补充、修正，但却是从我们的具体实践中获得的。2007年6月，我们的调查成果《基诺族语言使用现状及其演变》一书由商务印书馆出版。这本书成为第一本系统反映我国少数民族语言使用状况的专著，为后来的语言国情调查提供了一个可资借鉴、参考的模板。

3.3 要学会换位思考

每个人都有自己的母语，都会形成自己的语言观或语言态度，在对待另一语言时不可避免地会主观地以自己的语言观去看待，得出不符合语言实际的认识。我国地域辽阔，南北语言差异大，聚居的语言不同于杂居的语言，上下代的语言态度也不同。所以要换位思考，即要根据调查对象的特点及要求提出对策，而不能用自己已有的认识模式去看待问题。比如，云南通海嘎卓人，只有三万余人，经济、文化都发展得很好，而且全民兼用汉语,但他们的母语保持得很好,对自己的母语怀有深厚的感情。为什么?这要从他们的实际语言生活去寻找答案。不能认为使用人口少的语言就一定要濒危。

在现代化进程中,大小语言的走向究竟如何?科学技术的变化,如手机的广泛使用,对语言的保存有何影响?各民族对待自己语言的感情究竟如何?这些带有方向性的问题需要通过换位思考去提出贴近实际的解决方案。

3.4 要使用现代仪器做调查

现代语言学的新发展,为开展语言调查提供了新方法、新仪器,提高了语言调查的效率和准确性。所以,语言国情调查应当尽力采用现代语言学的新技术、新手段,改善调查手段和方法。

新技术的出现,存在如何科学地处理好新技术、新手段与手工操作的关系。语言是说给人听的,是人与人之间凭口耳相传实现语言交际的,语言学是"口耳之学",大量语言事实的记录和语言规律的总结要靠高度的脑力劳动,即靠耳朵细细地去听、去分辨、去归纳,再通过新仪器帮助验证听力的准确度。我主张二者必须有效地结合在一起,互相补足,相互验证,提高记录效率和质量。

3.5 语言国情调查要坚持成为国家行为

语言国情调查是一项政策性强、科学技术水平要求高、耗时费力的综合性工程,以往的经验已经证明,要做好这一工程必须使之成为国家行为,即要有中央和各地政府的支持和帮助。20世纪语言大调查能取得如此巨大的成绩,主要因素之一是国家推动,中央领导和各地政府的大力支持、指导。

3.6 跨境语言调查是语言国情调查的新内容

我国有30多个跨境语言。我国跨境语言与境外的跨境语言同属一种语言,有着共同的历史来源和共同的语言特征。了解境外的跨境语言,对我们认识境内语言的现状及历史演变会有很大的帮助。所以,要全面、深入认识我国的语言国情,必须了解境外的跨境语言。从这一角度说,中国语言国情的调查也应当包括跨境语言的调查。

四 结语:呼唤开展新一次的"语言国情调查"

从20世纪50年代全国第一次少数民族语言文字大调查至今,已过了半个多世纪,其间少数民族地区的社会、经济、文化以及人们的精神面貌都发生了重大的变化,语言文字的特点也随之发生了没有预料到的大变化。60多年来,语言文字特点的变化随处可见。

比如,在语言的使用上,不论哪个民族,除了使用本民族母语外,还不同程度地兼用国家通用语言,其速度之快,范围之广,是谁也想象不到的。有的民族如白族、纳西族、基诺族已全民兼用汉语。1957年,我到云南省红河两岸调查哈尼语,哈尼村寨的哈尼人普遍不会说汉语,开展调查十分困难。2011年,我重返红河两岸调查哈尼语,惊奇地发现哈尼人已普遍会说汉语,能流畅地用汉语与我们交流。这些年,我还到过基诺族、景颇族、彝族等地区,也同样看到有这样的变化。从单语到双语,这个变化是何等巨大啊!

但对于上述语言生活状况的变化,我们并不完全了解,也没有掌握必要的科学数据,还处于"或明或暗"的状态。民族语文的信息化、标准化、规范化,以及少数民族的双语习得、语言翻译等工作,应当如何依据社会发展的需要进行充实和调整,都需要语言国情调查的成果来支撑。

另外,有些民族的语言出现了功能衰退,但衰退的表现是什么,标志是什么,波及面有多大,都需要做深入调查。

总之,我国进入现代化建设新时期的几十年,如何认清不同民族、不同地区的语言特点及其变化,并提出科学的、切合实际的对策,已成为民族语文工作中亟待开展的任务,这是新时代对民族语文工作者提出的新挑战。能否不失时机地做好少数民族语言使用现状的调查工作,直接关系到民族的发展、社会的稳定、边疆的巩固。基于以上认识,我们认为,开展第二次全国少数民族语言大调查是十分必要的。

参考文献

曹志耘:《中国语言资源保护工程的定位、目标与任务》,《语言文字应用》2015年第4期。
陈章太:《语言国情调查研究的重大成果》,《语言文字应用》2007年第1期。
陈章太:《我国的语言资源》,《郑州大学学报》(哲学社会科学版)2008年第1期。
戴庆厦:《论新时期我国少数民族的语言国情调查》,《云南师范大学学报》2008年第3期。
戴庆厦:《语言调查教程》,商务印书馆,2013年。
戴庆厦:《"科学保护各民族语言文字"研究的理论方法思考》,《民族翻译》2014年第1期。
戴庆厦:《论开展全国第二次民族语言使用情况大调查的必要性》,《民族翻译》2014年第3期。
戴庆厦:《中国的语言国情及语言政策》,《黔南民族师范学院学报》2015年第2期。
戴庆厦主编:《跨境语言研究》,中央民族学院出版社,1993年。
戴庆厦主编:《基诺族语言使用现状及其演变》,商务印书馆,2007年。
戴庆厦主编:《阿昌族语言使用现状及其演变》,商务印书馆,2008年。

戴庆厦主编：《云南蒙古族喀卓人语言使用现状及其演变》，商务印书馆，2008年。
戴庆厦主编：《泰国万伟乡阿卡族及其语言使用现状》，中国社会科学出版社，2009年。
戴庆厦主编：《耿马县景颇族语言使用现状及其演变》，商务印书馆，2010年。
戴庆厦主编：《泰国清莱拉祜族及其语言使用现状》，中国社会科学出版社，2010年。
戴庆厦主编：《四川盐源县各民族的语言和谐》，商务印书馆，2011年。
戴庆厦主编：《老挝琅南塔省克木族及其语言》，中国社会科学出版社，2012年。
戴庆厦主编：《绿春县哈尼族语言使用情况及其演变》，中国社会科学出版社，2012年。
戴庆厦主编：《泰国优勉（瑶）族及其语言》，中国社会科学出版社，2013年。
戴庆厦主编：《云南玉龙县九河白族乡少数民族的语言生活》，中国社会科学出版社，2014年。
丁石庆主编：《莫旗达斡尔族语言使用现状与发展演变》，商务印书馆，2009年。
哈斯额敦、包满亮主编：《蒙古国蒙古族语言使用现状》，中国社会科学出版社，2014年。
力提甫·托乎提主编：《哈萨克斯坦维吾尔族及其语言》，中国社会科学出版社，2016年。
木乃热哈主编：《甘洛民族语言使用现状及其演变》，商务印书馆，2015年。
周国炎主编：《布依族语言使用现状及其演变》，商务印书馆，2009年。

Several Issues Regarding Surveys on National Linguistic Conditions

Dai Qingxia

Abstract: This paper addresses three issues, which are the theoretical significance and application value of surveys on National Linguistic Conditions, a historical review of previous parallel surveys, and some experiences regarding the implementation of such surveys. In the experiences section it is emphasized that three principles are to be followed in such surveys, that is, "to wade across the stream by feeling the way", "to understand things from the others' point of view" and "to strengthen the idea of state action". It is appealed in the last section that a new "large-scale survey on the national linguistic conditions" should be carried out.

Keywords: national linguistic conditions; survey; problems

（通信地址：650500 昆明 云南师范大学汉藏语研究院；
100081 北京 中央民族大学中国少数民族语言文学学院）

我国政府民族语言规划的差异与变化

黄 行

提要：由于政府语文工作部门体制机制分工不同，负责推广"国家通用语言文字"的教育部国家语委和负责管理"使用和发展少数民族语言文字"的国家民委，在各自分管的工作领域制订和实施的语文工作规划有较大的差异。本文主要基于两部委近期发布的"十三五"语言事业规划的发展目标，以及两部委语文规划均有涉及的"语言信息化建设、语言服务、语言资源和语言翻译"等方面的工作任务，对比和分析了不同政府职能部门语文工作规划表述和内涵的异同，及其对民族地区语言社会生活发展潜在的影响。

关键词：语言规划　政府职能　民族语言

一　前　言

我国的语言国情是语言资源丰富、语言事务复杂、语言问题特殊。包括语言文字工作在内的社会事业，由政府负责规划和实施。与国家通用语言和民族语言工作事业有关的主要政府机构，分别是教育部国家语委和国家民委。

根据国务院政府机构现行的"三定"方案（1998），[①]教育部国家语委的基本职责和职能是："拟定国家语言文字工作的方针、政策；编制语言文字工作中长期规划；制定汉语和少数民族语言文字的规范和标准并组织协调监督检查；指导推广普通话工作"；同时还兼管"组织制定少数民族语言文字规范标准，指导少数民族语言文字信息处理的研究与应用"，即将汉语文和民族语文规范化、标准化，以及语文信息处理部分的工作一并归于国家语委负责管理。民族语文工作是国家民委诸多主要职责职能之一，并且是特色职能之一。该委的主要分管部门——民族教育科技司管理民族语文的职责

[①] 2018年3月召开的第十三届全国人民代表大会批准了"国务院机构改革方案"，机构改革后教育部国家语委和国家民委包括语言文字工作在内的新的政府职能尚未公布，有可能存在一定的变数。

是:"承担少数民族语言文字及翻译的有关管理工作,参与协调双语教育工作。"除民族教育科技司外,国家民委涉及民族语文工作管理的机构还有文化宣传司、政策法规司、研究室、舆情中心等部门。

政府语文工作部门在各自分管的工作领域体制机制分工明确,因此所制订和实施的语文规划的侧重点和具体目标任务有较大的差异,部门之间的行政管理与规划实施需要统筹协调。

下面以国家"十三五"工作规划的内容为例,对比和分析不同政府职能部门语文工作规划表述和内涵的异同,及其对民族地区语言社会生活发展潜在的影响。

2016年8月,教育部国家语委发布面向全国的《国家语言文字事业"十三五"发展规划》,明确规划了到2020年的5项发展目标与主要任务:(1)国家通用语言文字基本普及;(2)语言文字信息化水平大幅提升;(3)语言文字服务能力显著增强;(4)语言文化广泛传播与繁荣发展;(5)语言文字工作治理体系更加完善。

2017年3月,国家民委在民委系统发布了《国家民委"十三五"少数民族语言文字工作规划》,该规划确定的发展目标为:"到2020年,各民族使用和发展自己的语言文字的自由得到进一步保障,少数民族语言文字规范标准基本满足社会需求,信息化水平进一步提高。各民族语言文字科学保护得到加强,少数民族语言文字传承和弘扬中华民族优秀文化的作用进一步发挥,社会语言生活和谐发展。"并将发展目标落实为以下7项具体任务:(1)大力推进少数民族语言文字工作法治化建设;(2)加强少数民族语言文字基本情况调查与科研工作;(3)大力加强双语人才队伍建设;(4)配合推进少数民族语言文字规范化标准化信息化建设;(5)加强少数民族语言文字公共服务;(6)科学保护少数民族语言文字与传承弘扬中华优秀文化;(7)加强少数民族语言文字翻译出版广播影视工作。

两部委文件文本表述中一个值得注意的现象是,国家语委"十三五"发展规划的5项发展目标与主要任务都用主谓结构表述,如"国家通用语言文字(主语)基本普及(谓语)""语言文字信息化水平(主语)大幅提升(谓语)";而国家民委"十三五"少数民族语言文字工作规划的7项具体任务用的都是述宾结构,如"大力推进(述语)少数民族语言文字工作法治化建设(宾语)""加强(述语)少数民族语言文字基本情况调查与科研工作(宾语)"。根据汉语的语用特点,句首主语隐含的认知语义属性是:[+生命性]、[+具体性]、[+施为性]、[+突显性]和[+固化性],(刘国辉2005)而位于述语之后的宾语与主语互补,上述五个"属性"的认知语义度都低于主语。在具体文本中,具有上述各项认知语义属性的句首施事者(即主语)会优先成为强调或突显的对象,而各项认知语义度较低的句中受事者(即宾语)会强调或突显事件行为的实施过程。

二 部委的首要目标任务

表1

国家语委	国家民委
国家通用语言文字基本普及	各民族使用和发展自己的语言文字的自由得到进一步保障

解析：政府语言规划目标任务的不同，是由于国家语文工作部门的体制机制分工所致，即负责"推广国家通用语言文字"的教育部国家语委和负责管理"使用和发展少数民族语言文字"的国家民委，在各自分管的语言文字政策法规和行政规划领域，各司其职、各谋其政、各行其道。

2.1 关于推广和普及国家通用语言文字

自1956年国务院发布《关于推广普通话的指示》以来，"推广全国通用的普通话"即成为被反复重申和强调的国家基本语言政策。2020年既是"十三五"规划的收官之年，也是实现党的十八大提出的"全面建成小康社会"和"第一个一百年"奋斗目标的关键时间点，因此"国家通用语言文字基本普及"可以理解为是建成"小康社会"后国家语言生活的目标和愿景。

为实现国家通用语言文字基本普及，规划提出两项攻坚工程，一项是"大力提升农村地区普通话水平"，另一项为"加快民族地区国家通用语言文字普及"。这两项攻坚工程确实有相当的难度。例如，普通话的教学和普及主要渠道是学校教育，据悉当前我国47%的适龄人口未上过高中，在农村这一适龄人口的比例高达63%（陶若谷2017）；特别是以新疆、西藏为代表的少数民族聚居地区，国家通用语言文字的普及程度还相当低，民族自治地方的教育普及和国家通用语言文字的推广普及与内地都有较大差距。

国家民委"十三五"规划对"国家通用语言"和民族语言关系的处理是从我国民族地区的实际出发，强调统筹兼顾和分类指导的基本工作原则，即：(1)坚持依法管理、依法办事，大力推广和规范使用国家通用语言文字，保障各民族都有使用和发展自己的语言文字的自由。(2)坚持实事求是，分类指导，推动少数民族语言文字工作科学发展。(3)坚持鼓励各民族互相学习语言文字，促进民族关系和谐发展。

2.2 关于少数民族使用和发展母语文的权利

我国的少数民族语言政策总体上是以"民族区域自治制度"为基础，即"少数民族使用和发展本民族语言文字的权利"是国家民族区域自治制度规定的7项"民族地方自治权"之一。根据《国家通用语言文字法》，学习和使用普通话既是公民的义务，也是公民的权利；但是由于"权利"和"义务"之间存在对立性和排斥性，因此"推普"更重要的还是政府的权利和公民的义务；而少数民族使用和发展母语的法律表述是明确的公民权利。

2011年10月中共第十七届六中全会通过的《中共中央关于深化文化体制改革推动社会主义文化大发展大繁荣若干重大问题的决定》，提出要"大力推广和规范使用国家通用语言文字，科学保护各民族语言文字"。当时提出的这一国家语言工作的指导思想有两点突破：一是对国家通用语言文字不仅要推广，还要规范使用；二是正式承认中国已经出现濒危状况的语言（方言）文字现象，并需要加以保护。但是作为国家的民族语言政策，仍然是"各民族使用和发展自己的语言文字的权利"。这一政策不但不会削弱，"十三五"规划强调该权利还要"得到进一步保障"。因此不能把"科学保护各民族语言文字"理解为国家基本民族语言政策的改变。

三 语言信息化建设

表2

国家语委	国家民委
推进语言文字信息化建设	配合推进少数民族语言文字规范化标准化信息化建设

解析：国家语委的"语言文字信息化建设"专指国家通用语言文字的信息化建设；而少数民族语言文字的信息化隐含在"弘扬传播中华优秀语言文化"之"科学保护各民族语言文字"的任务中，具体表述是"加快制定传统通用少数民族语言文字基础规范标准，推进术语规范化，做好少数民族语言文字规范化、标准化、信息化工作"。

文件强调民族语言信息化限定的"传统通用少数民族语言文字"特指蒙古语、藏语、维吾尔语、哈萨克语、朝鲜语，这五种民族语言历史上已形成传统文字，可以通用于整个民族地区。它们的语言地位与我国历史上特殊的官方语言有传承关系，如清朝发行的《御制五体清文鉴》所指"五体清文"即满语文、蒙古语文、藏语文、回（维吾尔）语文和汉语文的五种官方语言；"中华民国"时期"五族共和"的语言所指汉语、满语、蒙古语、回（维吾尔）语和藏语五种官方语言，以至现代国家民族语文翻译局用于国家和民族自治地方的蒙古语、藏语、维吾尔语、哈萨克语、朝鲜语、彝语和壮语等7种工作语言。因此国家语委"语言文字信息化建设"制订基础规范标准的语种、文种定位是客观和准确的,体现了分类指导的工作原则。

囿于体制职能分工,即根据国务院1998年"三定"方案,"组织制定少数民族语言文字规范标准,指导少数民族语言文字信息处理的研究与应用"的管理职能已由国家民委转给国家语委,因此国家民委对此项工作的表述为:"配合(教育部)推进少数民族语言文字规范化标准化信息化建设。"

四　语言服务

与以往政府语言文字工作的五年规划内容相比,这次两部委的"十三五"规划都提出了"语言服务"这一较新的价值理念与目标任务。但是,由于职能和具体情况不同,两部委关于"语言服务"的内涵与外延仍存在一定的差异。

表3

国家语委	国家民委
提高国家语言文字服务能力: ——提高保障国家战略和安全的语言文字服务能力 ——创新语言文字服务方式 ——服务特殊人群语言文字需求	加强少数民族语言文字公共服务: ——双语和谐乡村(社区)建设 ——少数民族语言文字服务能力建设

解析:显然,国家语委的"语言服务"更加强调语言文字为国家重大战略和维护国家安全的需求服务;而国家民委则强调少数民族居住的社区(包括传统的少数民族聚居区和新兴的城镇化社区),为少数民族公民提供其母语和国家通用语言的双语服务。

像所有社会服务是一种产业(即第三产业)一样,语言服务也是具有市场属性的产业和资源。语言服务的传统项目内容包括:语言教育与培训、汉外翻译和民汉翻译、语言艺术、广告、播音等方面的语言服务;随着社会的发展,依托于"互联网+"的语言网络技术服务等一些新的语言服务正在兴盛起来。(李宇明2016)根据语言的习得、传播、交流、欣赏、信息等特性维度,有人将语言产业细化为语言培训业、语言康复业、语文能力测评业、语言出版业、语言会展业、语言翻译业、语言艺术业、语言创意业和语言文字信息处理业等9个业态。(王巍、戈兆一2016)即语言服务已从语言教育、语言翻译、语言出版等传统语言产业扩展到以信息媒体的语言需求与开发为标志的新兴语言产业。语言产业是语言市场化的进一步实现,因此会更加凸显少数民族语言在此领域的劣势。少数民族语言通常只能在传统的语言教育和语言翻译领域保持和发展,在市场化的新兴语言产业较难有大的作为;但是随着政府与社会对民生的关注,少数民族可能作为一类特殊语言文字需求的(弱势)群体获得非功利性的语言服务。

五　语言资源

教育部国家语委和国家民委发布的"十三五"规划都对"语言资源"给予了特别的关注和阐释,这是与之前各"五年计划"显著不同的理念和举措。

表 4

国家语委	国家民委
任务(二)推进语言文字信息化建设: 　　树立语言资源是国家重要的文化资源、经济资源和战略资源的意识。研发基础语言资源库。 任务(三)"互联网+"语言文字服务工程: 　　建设涵盖语言文字规范标准、语文知识、外语中文译写规范等内容的基础数据库,向社会提供语言文字咨询服务。 任务(四)中华优秀语言文化传承与保护工程: 　　建设大规模、可持续开发的多媒体语言资源库,开发语言展示系统,编制和完善中国语言地图集、语言志等基础性系列成果。 任务(五)语言文字筑桥工程: 　　建设适应国家对外开放重大战略需要的语言服务国家资源库。实施国家对外语言服务人才培养计划。	任务(四)配合推进少数民族语言文字规范化标准化信息化建设: 　　支持教育部建设少数民族语言文化资源库和传统通用少数民族语言的大规模语料库。 任务(六)科学保护少数民族语言文字与传承弘扬中华优秀文化: 　　支持教育部加强少数民族语言资源数字化建设,推动语言资源共享,充分挖掘、合理利用语言资源的文化价值和经济价值。支持建立和完善中国语言资源库、语言资源服务系统,抓紧做好濒危语言文字的数字化整理和记录保存工作,加大少数民族濒危语言文字保护力度。

解析:语言多样性从语言的工具功能看是消极因素和负担,即语言之间的学习和翻译需要付出一定的人力、物力和财力成本,但从语言的文化载体和认同功能看可以是积极的资源。国家语委规划的语言资源观取向为后者,主张要"树立语言资源是国家重要的文化资源、经济资源和战略资源的意识",并将我国的基础语言资源库分为三个层面:

(1)语言的市场(或经济)资源,其语言对象侧重国家通用语言。因为国家通用语言(普通话)无疑是语言市场(或经济)最有效的语言资源。

(2)语言的保护(或文化)资源,其语言对象侧重汉语方言和民族语言。正在实施的《中国语言资源保护工程》即是语言文化资源保护与研发的最宝贵的语言资源。

（3）语言的战略资源，其语言对象侧重外国语及汉语的国际传播。我国的外语人才培养和涉外活动中的外国语言运用能力已被界定为国家的语言能力而日益受到重视，（文秋芳2011）而"一带一路"建设中的国际语言文化沟通正是国家语言能力的具体表现和展示，其中，我国与周边国家50多种跨境语言也是国家语言（战略）能力的有利资源。

由于职能分工的原因，国家民委"十三五"规划对语言资源开发利用在行文上仅定位于"配合"与"支持"教育部。具体的支持项目有：

（1）"支持教育部建设少数民族语言文化资源库和传统通用少数民族语言的大规模语料库"。明确语料库建设仅限于"传统通用少数民族语言"（应当为"传统通用文字少数民族语言"，因为只有文字可分"传统""非传统"，语言都是传统的）的蒙古语、藏语、维吾尔语、哈萨克语、朝鲜语5种语言，不包括其他少数民族语言。

（2）"支持教育部加强少数民族语言资源数字化建设，推动语言资源共享，充分挖掘、合理利用语言资源的文化价值和经济价值"。民族语言资源主要为文化价值，经济价值非常有限，甚至是负"产出"的，即需依靠国家的财力支持和投入才能保持民族语言的现存状态。

（3）"支持建立和完善中国语言资源库、语言资源服务系统，抓紧做好濒危语言文字的数字化整理和记录保存工作，加大少数民族濒危语言文字保护力度"。此处的"中国语言资源库"特指以2015年启动的《中国语言资源保护工程》为代表的国家语言资源库，以保护和保存具有普遍性的濒危少数民族语言资源；所谓"语言资源服务系统"既指少数民族语言在传统的语言教育和语言翻译领域的保持和发展，也指诸如为城镇化社区中不通汉语的少数民族提供母语翻译等特殊语言文字需求和非功利性的语言服务。

六 语言翻译

中国社会语言生活中的"语言翻译"主要是指汉语和外国语言的翻译，也指民族语言和汉语的翻译。

6.1 民—汉语言翻译

民族语—汉语言翻译是民族语文工作的重要内容，从中央到民族地方都设有民族语文的翻译机构。因此国家民委历次的五年工作事业规划，都将民族语言翻译列为重要议程。

规划中的民语翻译工作既保留了(1)对"党和国家重大会议、马列著作等党和国家重要文献文件、法律法规,以及公共文化事业、城市民族工作"等传统既定领域的翻译任务,又增加了诸如(2)"少数民族经典文库翻译工作"以扩大少数民族文化在国内外影响力,(3)"为社会提供少数民族语言文字翻译服务"和(4)"会同有关部门加强对边境地区民族语文翻译出版物的监管"等关乎当前特殊领域和社会需求的少数民族语言翻译工作。

6.2 汉—外语言翻译

根据《国家通用语言文字法》的要求,我国各级政府40多个行业领域颁布的数百个涉及外语使用的法律、法规和规范性文件大都明确规定,在我国境内或由我国提供的各类中外文并用的公共服务中,外语只能处于补充、说明的从属地位。(赵蓉晖2014)因此国家语委工作规划没有设专节规划中外语言翻译的任务,但是汉—外和外—汉翻译历来都是国家语言生活、语言应用和语言服务的重要组成部分。例如至少在以下两个领域即存在中—外语言翻译的社会需求:(1)外语中文译写规范,包括作为通名的科技名词术语定名、定义的翻译、规范与推广,和作为专名的世界国家、地区、民族、语言、宗教、机构、姓氏人名等名称的译写规范与应用;(2)中华思想文化术语翻译,以使中国传统文化对外传播发挥重要作用,提升国际影响力。(杜占元2018)

七 结语

国家语文工作部门主要由负责"推广国家通用语言文字"的教育部国家语委和负责管理"使用和发展少数民族语言文字"的国家民委分别负责各自的领域和职责,民族地区原本统一的语言社会生活因政府部门之间不同的职能分工被人为地分隔,部门之间制订的民族地区语言工作事业的规划目标存在较明显的差别,这在客观上可能会对民族地区语言社会生活产生潜在的影响。

(1)今后若干年内,"加快民族地区国家通用语言文字普及"将是政府语言规划的重点工作,民族地区的语言生活状况也将因此发生显著的变化;在这种情况下,作为民族区域自治政策组成内涵的"各民族使用和发展自己的语言文字的权利"应如何"得到进一步的保障",将会面临新的境遇和考验。

(2)少数民族语言文字信息化的主要任务将定位于"弘扬传播中华优秀语言文化",具体语种也仅限于蒙古语、藏语、维吾尔语、哈萨克语、朝鲜语等有传统通用文字的语言,也即意味着这些语种以外的民族地区现代化、信息化语文生活将主要通过国家通用语言文字信息化建设的形式实现。

（3）新时代语言服务和语言产业对经济社会发展的作用会越来越重要，同时也会凸显少数民族语言在此领域的劣势。与国家通用语言更加侧重为国家重大战略和维护国家安全的需求服务有所不同，少数民族可能作为一类特殊语言文字需求的（弱势）群体获得非功利性的语言服务，如为城镇化过程中不通晓汉语的少数民族提供母语和国家通用语言的双语服务等。

（4）由于民族语言资源的经济价值通常是负"产出"的，因此国家应继续保证相应的财力支持，比如支持少数民族语言在传统语言教育和语言翻译领域的"语言资源服务系统"的保持和发展，支持以保护和保存少数民族语言资源的"中国语言资源保护工程"为代表的"国家语言资源库"。

（5）民汉翻译是国家民族语文工作的传统强项，但随着民族地区少数民族汉语普通话水平的日益提高，传统和常态下的汉翻民需求必然会逐步减少；反之，如国家民委新规划的"少数民族经典文库翻译""为社会提供少数民族语言文字翻译服务"和"边境地区民族语文翻译出版"等以民翻汉乃至民翻外为主的服务于特殊领域和需求的翻译工作将会有所加强。

参考文献

杜占元：《深入学习贯彻党的十九大精神，推动新时代语言文字事业创新发展》，《语言文字报》2018年2月9日。

国家民委：《国家民委"十三五"少数民族语言文字工作规划》，2017年3月17日。

教育部国家语委：《国家语言文字事业"十三五"发展规划》，2016年8月23日。

李宇明：《语言服务与语言产业》，《东方翻译》2016年第4期。

刘国辉：《论主谓结构中句首主语的认知语义基础》，《外语与外语教学》2005年第7期。

陶若谷：《中国63%的农村孩子没上过高中？听听公布这个数据的人怎么说》，搜狐网2017年9月20日（http://www.sohu.com/a/193385137_375839）。

田立新：《推进新时代国家语言文字事业创新发展》，《中国教育报》2017年12月24日。

田联刚：《国家民委教科司负责人谈〈国家民委"十三五"少数民族语言文字工作规划〉》，国家民委网站2017年5月27日。

王巍、戈兆一：《语言会展业及其发展策略初探》，《语言文字应用研究》2016年第3期。

文秋芳：《国家外语能力的理论构建与应用尝试》，《中国外语》2011年第3期。

姚喜双：《以语言文字助力中华文化创新发展》，《光明日报》2017年11月19日。

赵蓉晖：《中国外语规划与外语政策的基本问题》，《云南师范大学学报》（哲学社会科学版）2014年第1期。

Differences and Changes of Chinese Government's Ethnic Minority Language Planning

Huang Xing

Abstract: In China, the State Language Commission of the Ministry of Education, responsible for the promotion of "the standard spoken and written Chinese language", and the State Ethnic Affairs Commission, responsible for the administration of "the use and development of the spoken and written ethnic minority languages", differ greatly in their respective concerns and language initiatives planning, though both are involved in the formulation and implementation of spoken and written languages planning. This paper, mainly based on the study of the development objectives of language cause planning during "the thirteenth Five-year Plan" period issued by the two commissions recently, and the tasks in the two commissions' language planning concerning "language informatization construction, language services, language resources and language translation", compares and analyzes the similarities and differences in the statements and implied meanings of the two commissions' initiativies planning for spoken and written languages, as well as the potential impact on the development of the social situations of languages in the ethnic minority areas.

Keywords: language planning; government functions; ethnic minority languages

（通信地址：100081 北京 中国社会科学院民族学与人类学研究所）

民族语文翻译服务探析

李旭练　唐超

提要：本文从文化"走出去"和"一带一路"的角度，介绍了现阶段我国民族语文使用、翻译、传播的语言服务现状，分析了当前我国民族语文翻译服务工作在服务意识、人才队伍、传播方式等方面存在的问题，尝试提出因地制宜地做好民族语文翻译服务工作，不断推出更好的民族语文翻译服务产品，支持实施民族语文翻译出版工程等对策建议。

关键词：民族语文　翻译服务　对策建议

2014年召开的中央民族工作会议对民族地区语言相通、干部双语学习等工作做出了重要部署，会议指出，语言相通是人与人相通的重要环节。（国家民族事务委员会2015：267）这是我们当前及今后一个时期进一步做好民族语文翻译工作的根本。十八大以来，特别是在中国文化"走出去"和"一带一路"倡议的背景下，民族语文翻译服务在民族工作中的重要作用已越来越凸显。现阶段，民族语文依然是少数民族学习使用国家通用语言文字、掌握现代科技文化知识的重要辅助工具。（李旭练2016：7）《中华人民共和国宪法》《中华人民共和国民族区域自治法》《中华人民共和国国家通用语言文字法》，以及教育部、国家语委《国家语言文字事业"十三五"发展规划》《国家民委关于进一步做好民族语文翻译工作的指导意见》《国家民委"十三五"少数民族语言文字工作规划》等，都为民族语文翻译服务工作的发展提供了法律保障和政策支持。

一　民族语文翻译服务的现状

1.1　民族语文使用现状

民族语文翻译在民族地区语言服务工作中有重要作用。我国55个少数民族中，除回族全部转用汉语外，其他54个民族都有本民族语言。这些语言分别属于汉藏语系、阿尔泰语系、南岛语系、南亚语系和印欧语系等5个语系。少数民族语言在实际应用中，不仅广泛地应用于日常的生活生产,还广泛地在教育、行政、立法、司法、新闻出版、广播影视、文学艺术、信息化等领域有重要作用(李旭练2013:50—51)。

以四川省凉山彝族自治州为例,当地的部分少数民族群众不懂汉语汉字,仅仅通过民族文字版本的图书报刊,已经不能满足少数民族群众对新时代美好生活的需要。而新疆南疆的现实情况是,许多县市、乡镇、社区民族干部职工比例占干部职工总数的70%左右,基层社区和农牧区70%以上的广大民族干部、人大代表、政协委员仅懂一点简单的汉语日常用语,95%以上的基层社区居民和农牧民则几乎不懂汉语。面对这样的情况,要想将党中央和国家的有关精神和政策精准贯彻落实到基层和个人,不从民族语文翻译服务入手是不行的。

1.2 民族语文翻译现状

中华人民共和国成立以来,党和国家高度重视民族语文翻译工作,从中央到有关省区、州盟、县旗都设立了各级民族语文翻译工作机构,翻译出版了大量党政文献、马列经典著作以及各类民族语文图书、影视作品,培养了大批民族语文翻译人才,翻译、出版、新闻、教育等各方面都得到前所未有的发展。(兰智奇2017:6)以党政文献的民族语文翻译服务为例,长期以来,中国民族语文翻译中心承担着党和国家重要文件文献、法律法规和重大会议的民族语文翻译工作,完成了历届全国党代会、人代会、政协会议的民族语文翻译和同声传译工作,用蒙古、藏、维吾尔、哈萨克、朝鲜、彝、壮等7种少数民族语言文字翻译马克思主义经典著作、党和国家重要文件文献、法律法规、词典书刊等累计4亿多字。

民族语文翻译服务在司法队伍建设方面,也取得初步成效。近年来全国"两会"期间,最高人民法院院长周强在《最高人民法院工作的报告》中,多次强调发挥西藏拉萨、甘肃舟曲、新疆乌鲁木齐等法官培训基地的作用,加强民族地区双语法官培养工作,推动实施"千人计划",提高民族地区法官素质。改版中国裁判文书网,增加公开5种民族语言裁判文书。时任最高人民检察院检察长曹建明在《2017年最高人民检察院工作报告》中,强调民族地区双语检察人才培养,已在乌鲁木齐和林芝分别建成维汉、藏汉双语检察人才培养基地。

在党的民族政策的光辉照耀下,民族地区的民族语文翻译服务也取得了一定成绩,特别是科普读物的编译出版受到了少数民族群众的普遍认可和欢迎。这些科普读物的内容广泛,涉及种植业、养殖业、生理卫生、疾病防疫、禁毒净土等方面。比如,20世纪80年代以来,四川省凉山彝族自治州语言文字工作委员会用彝汉文对照的形式先后编译出版了5种科普丛书,分别是《农业生产通俗读物》《农村实用生产技术培训教材》

《凉山畜牧科普丛书》《凉山农业科普丛书》《凉山林果业科普丛书》等，出版发行1000多万字，有力地促进了少数民族群众农牧业生产的发展。

1.3 民族语文传播现状

我国边疆民族地区的民族语文广播电视、新闻出版等公共文化服务和精神文化产品供给不足，对少数民族群众接受最新的种养技术和经济政策十分不利。民族语文翻译服务产品的有效传播对坚持改革创新、推动民族地区扶贫开发工作具有重要意义。

民族语文翻译服务在民族地区新闻传播工作奠定了坚实基础。四川凉山州的《凉山日报》彝文版是中共凉山州委机关报，是我国唯一公开出版发行的彝文报纸，从创刊至今已有30多年，每天的新闻翻译量近1万字。凉山电视台彝语频道开设了《彝语新闻》《法制时空》《彝乡风》《彝学访谈》《彝州艺苑》《娱乐驿站》《致富经》等各类彝语栏目，每周共计播出50余小时。凉山人民广播电台每天开办了60分钟的彝语综合新闻节目，大多是翻译作品（贾瓦盘加2011）。

1.4 民族语文翻译服务

当前，社会各界对民族语文翻译服务有很大需求。以中国民族语文翻译中心为例，2017年，完成《中办通讯》《宗教事务条例》《民族画报》等多种民族语文版的翻译、审稿工作；完成《民族文学》蒙古文版、藏文版、维吾尔文版、哈萨克文版、朝鲜文版的审定、审读工作；完成中国科普出版社《2017年公民科学素质调查问卷》的蒙古文、藏文、维吾尔文的翻译工作；翻译国家信访局少数民族文字的上访信件等。

2008年以来，中国民族语文翻译中心持续开展民族语文新词术语规范化、标准化研究，提出民族语文新词术语标准化建议。民族语文翻译服务的信息化建设不断取得新进展，适应民族地区语言服务日益增长的新要求。近年来，中国民族语文翻译中心信息化科研团队已经研发出藏汉、哈汉、朝汉三款网页互译软件；研发出哈萨克文语音系统，在该系统上完成哈文语音输入法、语音转写通（哈汉）、哈汉实时翻译三款软件。自主研发的蒙古、藏、维吾尔、哈萨克、朝鲜、彝、壮7个语种的电子词典、对照查询软件、校对软件等运用于党代会民族语文翻译工作中；蒙汉、藏汉、维汉、哈汉、朝汉5语种智能翻译系统已被国家有关部委应用于相关工作中；维汉智能语音翻译、维汉藏汉网页互译软件参展"砥砺奋进的五年"大型成就展；维吾尔语智能翻译及交互式语音系统在新疆南疆的多个城市巡展，其性能和作用得到使用者肯定。

二 民族语文翻译服务存在的问题

2.1 民族语文翻译的服务意识和服务质量问题

我国少数民族人口有1.14亿,约6000万人使用本民族语言,相当于英国或法国人口,约3000万使用本民族文字,相当于澳大利亚和新西兰人口总和。[1]在许多少数民族地区,民族语言仍然是日常生活中的主要交际工具。当前,加强民族语文翻译服务工作的服务意识、产品质量和传播效果,对巩固民族地区脱贫成果至关重要。

在实践操作层面,由于没有形成完整的理论指导体系和完善的翻译质量评估体系,各种少数民族语文翻译机构和翻译工作者缺乏工作统筹,没有形成合力,各自为政、闭门造车现象突出,致使翻译标准混乱,不同单位和个人的翻译水平参差不齐,翻译质量和服务水平有待提高。

2.2 民族语文翻译的人才队伍问题

全国各大专院校缺乏民族语文翻译专业,中国少数民族语言文学专业毕业生是民族语文翻译人才的主要来源。新疆共计有10余所高校开设相关专业,在专业中设有翻译理论课程。每年该专业毕业生总数在600名左右,毕业后从事翻译工作的,据各高校估算不到10%,导致基层翻译人才队伍断档。

政府机关中的民族语文翻译机构设置情况也不容乐观。南疆平均每个县专职翻译工作者只有4至6人,在20世纪90年代平均每个县有翻译人员80名左右,现在在职翻译人员有相当一部分属兼职翻译;有的在机构改革中撤销了翻译机构、翻译编制和翻译岗位,有的翻译编制被挤占挪用。喀什地直部门在机构改革中就没有核定翻译人员编制和翻译岗位。专职翻译严重匮乏,影响到整个社会政治、经济、文化、教育、卫生、计划生育、公检法各个领域工作正常开展。缺少民族语文翻译服务工作的深度参与,相关政策很难落实到脱贫攻坚的"靶向性"目标人群。

2.3 民族语文翻译的传播方式问题

民族语文翻译服务的传播目标受众已从民族干部精英转向民族经济精英和普通民众。当前,民族地区民族语文翻译传播方式仍以图书报刊等传统媒体为主。由于翻译人

---

[1] 《中国的民族政策与各民族共同繁荣发展》白皮书,第45页,外文出版社,2009年。

才队伍断档，翻译机构萎缩，民族语文翻译的传播方式较为有限，实际的传播效果不尽人意。

民族语文翻译的主要产品即图书报刊的文本利用率低，不能满足新时期少数民族群众普遍使用手机等移动终端的知识获取需要。此外，移动终端能提供的图片、音频和视频方式，大大增加了民族语文翻译产品的载体和传播效果，在处理好版权问题的前提下，可以大力发展多媒体移动终端的视听扶智项目。

三 做好民族语文翻译服务的对策建议

3.1 因地制宜地做好民族语文翻译服务工作

当前，民族语文翻译服务工作还不能满足少数民族群众对美好生活的现实需求。由于翻译人员不足，一些公共服务窗口和执法部门，如政府、银行、法院等没有提供翻译服务，事关少数民族群众切身利益的惠民政策不能准确传达和有效贯彻，给他们的生产生活带来不便。

在继续做好马克思主义经典著作、党和国家重要文献文件以及法律法规和重大会议的民族语文翻译工作、传播党和国家的方针政策的同时，还应该将民族语文翻译服务落实到"靶向性"目标人群，在立法、行政、司法、教育、科技、文化、卫生等领域加强民族语文翻译服务工作，在公共服务中积极发挥扶智扶贫作用，为少数民族公民参与经济、政治、文化和社会活动提供服务。[①]进一步做好民族地区基层干部培训教材、中小学双语教材、司法文书的翻译工作，支持民族语文翻译服务的规范化、标准化和信息化建设。

3.2 不断推出更好的民族语文翻译服务产品

针对民族地区少数民族群众生产生活的实际需要，积极开发种植养殖科学技术、生育卫生心理健康等方面的民族语文翻译服务新产品。目标群体应是不精通汉语的少数民族群众，通过民族语言、民族文字开发智力，获取知识。利用好已有的传播平台，如民族语文广播、电视、新闻、图书和报刊，扩展新的传播媒介，创新创造出图文对照、音频、视频，手机APP、微信推广等产品，增加扶贫扶智的广度、深度和效度。

以往民族教育工作的问题是难以精准覆盖到每个少数民族群众。现在可以利用新

---

① 《国家民委关于进一步做好民族语文翻译工作的指导意见》（民委发［2010］198号），下载网址：http://www.seac.gov.cn/art/2010/12/3/art_142_103789.html。

技术、新媒介，制作出更多更好的图文和音视频产品，将传播路径扩展至网络新媒体和微博、微信等手机移动终端自媒体。即使是不懂民族文字的少数民族群众，也可以通过手机等移动终端新产品获得便捷的民族语文翻译服务。

3.3　支持实施民族语文翻译出版工程

建议有关部门支持实施民族语文翻译出版工程（可以分为若干个子项目），参考经典中国国际出版工程、丝路书香工程重点翻译资助项目、中国当代作品翻译工程项目等国家级翻译类资助项目。可由国家民委牵头，整合教育、出版、广电等部门的资源，更广泛地开展民族语文翻译服务，促成新产品不断推出，助力民族地区经济和社会发展。

参考文献

曹建明：《2017年两会最高人民检察院工作报告》，2017年3月12日。
国家民族事务委员会：《中央民族工作会议精神学习辅导读本》，民族出版社，2015年。
贾瓦盘加：《总结经验，再接再厉，大力推进彝语文翻译事业向前发展——在国家民委民族语文暨民族语文翻译经验交流会上的发言》，2011年。
兰智奇：《以人民为中心，以语言聚人心，推动新时代民族语文翻译事业科学发展》，《民族翻译》2017年第4期。
李旭练：《少数民族语言类型使用现状调查分析》，《民族翻译》2013年第1期。
李旭练：《试析民族语文在民族工作中的积极作用》，《民族翻译》2016年第1期。
周　强：《2017年两会最高人民法院工作的报告》，2017年3月12日。

A Study on the Translation Services of Spoken and Written Ethnic Minority Languages

Li Xulian & Tang Chao

Abstract: This paper provides an overview of the status quo of language services involving the use, translation, and dissemination of spoken and written ethnic minority languages in China in context of "Export-oriented Culture" and "the Belt and Road Initiative". It analyzes the existing problems in the minority language translation service in terms of service awareness, training of translators, and dissemination devices. It puts forward tentative countermeasures and proposals, including tailoring ethnic language translation services according to the actual circumstances, constantly updating the translation service products, and supporting implementation of translation and publication projects.

Keywords: spoken and written ethnic minority languages; translation services; countermeasures and proposals

（通信地址：100080　北京　中国民族语文翻译中心）

明代初年建立的外来语翻译规范*

晁　瑞

提要：本文以明代初年《华夷译语》《蒙古秘史》为例，说明明代初年制定的外来语翻译规范，主要有以下几条：（1）广泛使用意译，一般不使用音译，除非是人名、地名等专有名词。（2）源语言为外来语时，以语篇中的段落为基础，每段以文言译出大意。（3）目标语是外来语时，每句必译，中国特有的文化词采用直译方式，忽略修辞格，以直白语言译出。（4）词典编纂以词义对等为原则，不考虑外来语的语法形态。总之，坚持语义翻译，不求逐字翻译。

关键词：明代外语　翻译　规范

一　引言

明代有明确的外语教育机构和教育政策。朱元璋和朱棣建立了中国有史以来最为庞大的朝贡贸易体系。永乐五年开设"四夷馆"，开启了我国由政府组织外语教育的先河，将国家的语言能力提高到一个崭新层次。据《明会典》记载，明代四夷馆开设的语言共18种。周边地区常设语种为：朝鲜、日本、琉球、缅甸、安南（越南语）、占城（今越南南部方言）、真蜡（柬埔寨语）、暹罗（泰语）、爪哇（爪哇语）、苏门答腊（古印尼语）、满剌加（古马来语）；国内主要少数民族语言有：鞑靼（蒙古语）、女真（女真语，满语前身）、高昌（维吾尔语）、回回（波斯语）、西番（藏语）、河西（唐古特语）、百夷（傣语）、八百（掸语）。除了以上语种，明代为了管理西藏宗教，还设置了西天（梵语）。此外还有倮㑩（彝语）、南掌（老挝语）、苏禄（古菲律宾语）等语言，因此明代四

---

* 基金项目：国家语委2015年度重点项目"明代语言政策与语言规划研究"阶段性成果，编号ZDI125-46；江苏省规划办哲学社会科学项目"明代江淮官话语法研究"，项目编号：14YYB003；江苏高校哲学社会科学重点研究基地基金资助，编号2015ZSJD010；江苏高校品牌专业建设助项目，编号PPZY2015C205。论文曾在中国民族语言学会民族语文应用专业委员会首届学术研讨会（中国·北京）上宣读。感谢周庆生先生指导，文中谬误概由本人负责。

夷馆接触过的语言至少有20多种（热扎克·买提尼牙孜1996：188）。

明代还没有把中国境内语言与境外语言区分开来的分类思想，朱棣主张"华夷一家"，在汉语与其他语言对立的指导思想下，建立了"四夷馆"，因此当时中国境内少数民族语言也称"外语"。我们以《华夷译语》《蒙古秘史》记录的明代初年蒙古语为例，说明明朝立国之初建立的外来语翻译规范。

二 记录外来语有稳定规范

明初用汉字改造回鹘式蒙文："洪武十五年正月，上以前元素无文字，发号施令，但借高昌书制蒙古字行天下。乃会翰林侍讲火原洁与编修马懿赤黑等以华言译其语，凡天文、地理、人事、物类、服食、器用，靡不具载。复取《元秘史》参考，以切其字，谐其声音，名《华夷译语》。既成，诏刊行之。自是使臣往来。朔漠皆能得其情。"（黄光升《昭代典则》卷九）

经过此番改造，汉语记录外族语言的方式被保留下来，朱棣时代的"四夷馆"继承了该做法，用汉字记录一切外来语言，并把一切外来语教材均称为《华夷译语》。在当时还没有国际音标的情况下，采取中国人都普遍熟悉的汉字标注外来文字，虽然不能力争完全准确，却非常实用、简单且容易上手。单词按照中国传统"雅学"词书分类编排，使学生便于分类掌握相关词汇。在掌握单词的基础上，造句训练。这些举措能使学生较快掌握一门外语。

翻译是一种双向的文化交流活动，源语言和目标语都是相对的。比如在明代，蒙古语需要翻译成汉语，有些汉语也需要翻译成蒙古语。但是这两种翻译活动，目的有很强的区分：如果源语言是蒙古语，翻译是为了弄清楚对方想传达什么大意；如果源语言是汉语，翻译的目的是让对方清楚地知道我方想做什么，因此翻译力求句句准确。下面针对明初翻译实践归纳当时翻译活动所呈现的特点。

三 源语言为外来语，直译方式的核心视点是源语言规范

德国翻译家凯瑟琳娜·莱斯认为，翻译过程应该包括两个阶段：一，分析阶段；二，重述阶段。（谢天振2008：144）

翻译家安娜·丽洛娃认为：分析阶段最核心的问题是分析源语言文本的结构和内容。"要把握翻译的各种形式、类型和体裁的性质，我们首先要分析译作，分析它的结

构和内容,并向自己提出如下三个问题:一,这个译本表达了或包含了什么内容?二,这个译本的对象是谁?三,翻译这个文本的目的何在?"(谢天振2008:598)

今天从明代所存蒙汉语言文献上判断,当源语言为蒙古语,翻译的目的是了解蒙古政权发展过程。翻译分析的第一个问题是:文本写什么历史,一共由多少个小事件组成?

所存汉字转写本《蒙古秘史》分为12卷282节。分卷是中国古籍常见的篇章安排,分节则极为罕见。而且这282个节次,除了处死扎木合这样比较长的事件分作两节,其他每节基本都围绕一个中心事件展开,即便事件再小,也可以独占一节,由此判断节次很有可能是翻译分析源语言文本时所加。

重述阶段,就是将源语言转换为目标语。从现存《蒙古秘史》明代总译看,火原洁一开始也是沿用了元代的翻译方式:直译,翻译以源语言的语法规范为核心视点。

(1) 成吉思　　合^中罕　　讷　　忽扎兀儿　迭额^舌列　腾格^舌理　额扯　札牙阿秃
　　　名　　　皇帝　　　的　　根源　　　上　　　天　　　处　　命有的

脱^舌列_克先　孛儿帖　赤那　阿主兀。格儿该　亦讷　^中豁埃　马^舌阑　阿只埃。
生了的　　苍色　　狼　　　有　　　妻　　他的　　惨白色　鹿　　有来

腾汲思　客 秃_勒周　亦^舌列罢。斡难　沐^舌涟讷　帖^舌里兀捏　不峏^中罕_勒合_勒敦纳
水名　　渡　　　　着　　来了　　河名　河的　　源行　　　山名　　行

嫩秃_黑刺周　脱^舌列_克先　巴塔赤^中罕　阿主兀。(1)
营盘做着　　　生子的　　　　人名　　　　有来

第一排是汉字记音的蒙古语,每个单词隔开。火原洁和马懿赤黑为了尽可能准确地用汉字描摹蒙古语中的音位与汉语音位的区别,还使用了上标的"舌",表示区分于汉语边音[l]的弹舌发音动作,一般拉丁文转写作-r;"中",表示区分于汉语舌根音[x]的发音靠硬腭而非软腭的音位,一般拉丁文转写作-q。下标都是描写词中辅音,"勒"表示蒙古语的[l]音位;"克"为浊音[g],一般转写为-g;"黑"为蒙古语喉音性质的[x],一般拉丁文转写作-G。除了本节出现的以上几个,还有下标"惕"为蒙古语辅音[t]或[d],"卜"为辅音[b],它们在音节中一般都是急促一带而过的音(乌云高娃2013)。以汉字记录同时又相对较为准确表达蒙古语的特殊音位,是中国以汉字记录外来语的第一次尝试,为明代初年深刻了解蒙古语和汉语特点的火原洁、马懿赤黑所独创。一般来说,经过汉字记录的外来语都经历了汉语语音系统的改造,无法显示其不用于汉语的特殊音位和音节结构。

下面的旁译标注了源语言蒙古语每个词的词汇意义及语法标记。除了人名、地名专有名词,如"成吉思",注"名";"腾汲思",注"水名";"斡难",注"河名"等,其他每

个词都有与汉语对应的词汇。为了说明其旁译语法标记的功能，我们采用小泽重男的拉丁文转写，一一解释旁译汉语虚词与蒙古语语法范畴的对应关系（所论及语法标记及词语以斜体凸显）。

(1') Činggis qahan-*nu* huǰa'ur de'ere tenggeri-*eče* ǰaya'a*tu* töre*gsen* börte čino a*ǰu'u*. gergei inu qo'ai maral a*ǰi'ai*. Tenggis ketülǰü ire*be*. Onan müren-nü teri'ün-e Burqan-qaldun-a nuntuGlaǰu töregsen Batačiqn aǰu'u.

-nu，是中世纪蒙古语的属格标记，功能类似于汉语结构助词"的"，附着在名词上表述所属，称作属格。蒙古语的属格标记一般根据所附着名词的词尾发音产生变化：-yin，接元音结尾的名词；-un/-ün（前者阳性，后者阴性。蒙古语的形态标记大多都有阴阳性两套，以跟阴性词和阳性词分别相配，是蒙古语元音和谐的重要标志），接辅音结尾的名词，n除外；-u/-ü，接辅音n结尾的名词。此处本来接-u，连带前面的-n协同发音作-nu。

-eče，蒙古语的离格。变体-ača/-eče接在辅音结尾的名词后面；变体-dača/-deče，接元音结尾的名词；变体-tača/-teče，接在d辅音名词后面。离格的核心语法意义表示"起源或来源"。本段接在名词词组de'ere tenggeri的后头，表示"在上天之处"，旁译为汉语的词汇形式"处"，这两者涉及层次转换（level shift），蒙古语的标记属于语法层面，汉语的属于词汇层面。

-tu，蒙古语的形容词性词缀，具有"带有某性质"的意思，ǰaya'atu这个词，连同前面的离格名词词组de'ere tenggeri-eče，以及后面形动词töregsen，翻译成汉语为"天生的"、"命中注定的"较为合适。

-gsen，蒙古语形动词表示过去时的语法形态。-γsan/-gsen黏着于动词之后，表示动作已经完成义，与后面的名词形成修饰语和中心语关系。本段其所修饰的中心语为börte čino。旁译"生了的"，以时态助词"了"表完成，以结构助词"的"表定中关系。

-ǰu'u，蒙古语谓语动词的过去时标记，且表示一种说话人无法确定的过去。这一段记录的都是传说，类似于我们的史前传说，使用这个标记能表达所说事件为客观陈述。变体-ǰu'ü/-ču'ü接在阳性词单数之后，变体-ǰu'üi/-ču'üi接在阳性词复数之后，变体-ǰi'ai/-ǰigi接在阴性词单数之后。-ǰi'ai含有尊敬义，本段gergei（妻子）是一个阴性词，且是成吉思汗的家族祖先，因而用之。汉语旁译一般使用助词"来"对应，因为在汉语里这个虚词有表示过去的意义（曹广顺2014：121）。谓语动词aǰu'u旁译为"有"只译出了"存在"义动词a-的意义，"有来"则大致译出了动词及时态标记，但仍然无法传达这个词在源语言里有"不受主观控制，相对较为客观"的语法意义。

-ǰü，蒙古语副动词标记之一，表示动作间并列关系的语法形态。蒙古语副动词不能做谓语结句，但是可以有自己的宾语。ketülǰü（渡水）与后面的irebe（来）有并列关系。汉语里没有与之相对应的语法结构，汉语所有动词都可以做谓语结句，即便用在句中也依然有此功能。如"我看了一下他走了"，这个句子"看"是句子的谓语。汉语助词"着"附着在动词上表示动作持续，用在结构"V着V"中可以表示前一个动作与后一个动作有伴随关系。旁译"着"在动词短语中的功能与源语言蒙古语-ǰü有相似之处，此属于类别转换（class shift）（谢天振2008：32）。

-be，蒙古语谓语动词的过去时标记，且表示说话人比较确定的语气。变体-ba/-be用于阳性单数的动词后，变体-bi用于阴性单数的动词后。这里对应汉语的完成体助词"了"，属于不同单元转换（unit shift）。汉语的"了"主要功能表示"完成"，不一定非要过去，如"明天上午我买了票去找你"，"了"表示将来完成的动作，与蒙古语-be功能并不完全一致。

-e，蒙古语方向格形态。变体-da/-de，接元音结尾的名词；变体-a/-e，接辅音结尾的名词；变体-ta/-te，接d辅音结尾的名词，核心语法意义表示空间位置。汉语以虚词"行"（读作[xaŋ]）对译，表示在"某处"。

文本从一个语言系统译为另一个语言系统，总是涉及层次转换、类型转换（category shift，如上文类别转换、单元转换即为其中次类）两大方面的翻译转换（translation shift）（谢天振2008：11）。很显然蒙古语与汉语的语法差异很大，两种语言很难做非常对等的翻译，总会存在诸多参差。这一段明代总译为：

> 当初元朝人的祖，是天生一个苍色的狼与一个惨白色的鹿，相配了。同渡过腾吉思名字的水来。到于斡难名字的河源头，不儿罕名字的山前住着。产了一个人名字唤作巴塔赤罕。

"同渡过腾吉思名字的水来"就是直译原文语序产生的非汉语表达法。在汉语里专有地点名词用在动词或介词后面，可以直接表示处所，不需要加名词修饰，比如"到上海"，不需要说成"到上海的地面"。因此这一句通顺汉语应该译为"一起渡过腾吉思河而来"。后面一句"到于斡难名字的河源头，不儿罕名字的山前住着"同此。

由此看来，直译以源语言表达规范为中心视点。这样的译文处处显示出不同于规范汉语的异域特色，在《蒙古秘史》136节之前随处可见。翻译语言对元代汉语不可避免地造成了接触影响。从明代初年翻译的《蒙古秘史》语言风格前后有差异可以判断：明代规范了翻译活动，重新制定了不同于元代的翻译规则。

四 源语言为外来语，语义翻译的核心视点是目标语规范

《蒙古秘史》137节以后的翻译明显特点是：基本不取直译方式，而采用语义翻译（semantic translation）（谢天振2008：17），以文言重述段落大意，不主张每句对应。如：

(2) 额迭   主舌儿勤   亦舌儿格讷   约孙：   主舌儿勤   孛鲁舌仑
    这   姓   百姓的   理   种   做的
中合不勒·中合讷 朵罗安 可兀敦 昂中合阿中合 斡勒·巴舌剌中合黑 不列额。
人名 皇帝的   七个   儿子每的 最长   人名   有来
可温亦讷 中合秃·主舌儿乞 不列额。主舌儿勤 孛鲁舌仑 中合不勒·中合讷
儿子他的   人名   有来 种   做的   人名   皇帝的
可兀敦 阿中合客额周。亦儿格讷延 朵脱舌剌察 亦勒中合周 赫里格突舌儿
儿子每的 长说着   百姓自的行   内行   拣着   用（当肝）行
雪勒速秃。赫舌列该突舌儿 桓赤坛。阿兀失吉 都兀舌良 只舌鲁格秃
胆有的   大拇指行   能发箭的 肺   满   心有的
阿蛮 都兀舌良 阿兀儿坛。额舌列 土屯 额舌儿迭 木惕田 孛可思 古出帖泥
口   满   刚气   丈夫 各各 技能   每有   壮   气力有的行
亦勒中合周 斡克抽。阿兀舌儿坛 雪勒速坛 斡抹黑坛 拙舌儿乞篾思 秃剌
拣着   与着   气有的   胆的的   勇有的（豪勇者们） 上头
主舌儿勤 客额克迭古 约孙 帖亦模。帖亦门 斡抹黑坛 亦舌儿格泥 成吉思
种   被称的   理   那般有   那般   勇有的   百姓行   太祖
中合罕 朵舌剌亦塔兀勒周。主舌儿勤 斡孛黑秃宜 兀里惕客罢。
皇帝   服下了   着 种   姓有的行   教毁灭了
亦舌儿格泥 兀鲁昔 亦讷 成吉思 中合罕 斡额舌仑 奄出 亦舌儿坚
百姓行   人烟   他的 太祖   皇帝   自的   梯己 百姓
孛勒中合罢。(139)
教做了

这是原文的第139段，说主儿勤这一支蒙古人得名由来。原文的汉字记音部分，有些不能成句却标注了句读，我们解读每个句读位置的语法标记意义，对这一点儿就很容易理解了。阿中合客额周，词尾-jü是并列式副动词语法标记；雪勒速秃，-tü是一个形容

词词缀；桓赤坛，-tan 是一个形容词或名词词缀；阿兀儿坛，同此；斡克抽，-ču 是并列式副动词语法标记；朵舌剌亦塔兀勒周，-ǰü 并列式副动词语法标记。这些词上的句读都不是成句标志，只是蒙古语的阅读停顿而已。为了显示该段的句子结构，我们引入小泽重男的拉丁文转写：

（2'）ede ǰürkin irgen-ü yosun ǰürkin bolurun Qabul qan-u dolo'an kö'üd-ün angqa aqa Okin-baraqaᴳ büle'e. kö'ün inu Sorqatu-ǰürki büle'e. ǰürkin bolurun Qabul qan-u kö'üd-ün aqa ke'eǰü irgen-ü-yen dotora-ča ilᴳaǰu: helige-dür sölsütü, heregei-dür hončitan, a'ušigi dü'üreng ǰirügetü, aman dü'üreng a'urtan, ere tutum erdemüdten, bökös küčüten-i ilᴳaǰu ögčü a'urtan sölsüten omoᴳtan ǰor kimes tula ǰürkin ke'egdekü yosun teyimü. teyimün omoᴳtan irgen-i činggis qahan dorayita'ulǰu ǰürkin oboᴳtu-yi ülidkebe. irgen-i ulus-i inu Činggis qahan ö'er-ün emčü irgen bolᴳaba.

这一段一共五句话，明代译文如下：

主儿勤种的缘故，初，合不皇帝有七子，长子名斡巴剌合合不。因其最长，于百姓内拣选有胆量、有气力、刚勇、能射弓的人随从他。但有去处，皆攻破，无人能敌。故名主儿勤。太祖将此种人也服了，又将他百姓做了自己的百姓了。

这是相对规范的文言文，其中"初"是叙述文体表示追叙的词语，"因"是原因连词，介词"于"引进动作涉及对象，"但、皆"为范围副词，"故"是结果连词。此段译文仅说出了原蒙古语此段的大意，不是每句都有对应的译文。从这个意义上说，明代翻译不追求对源语言语法形式和语法结构的理解，而追求段落大意，并完全以本土化的语言重新表述，力争将异域文化的影响降低到最低限度。

如果全文每句都翻译，应该如下：

这些主儿勤百姓做了主儿勤氏的来历是这样，当初合不勒·罕皇帝有七个儿子，其中最大的儿子叫斡勒·巴儿合黑。他的儿子叫莎儿合秃·主儿乞。由此他们被称为主儿勤氏，因为他是合不勒·罕皇帝诸子中年纪最长的，就从百姓中拣选出了：肝上有胆的，拇指上能发箭有力气的，有心胸的，说话有胆量的，个个男子都武艺高强的，从这样的人中选了年富力强的给他。由于他们有气魄、有胆量、有勇气、有雄心，被人们称作主儿勤氏。成吉思汗把这般勇猛的主儿勤氏征服了，毁灭了主儿勤氏。将其家园百姓收编为自己的贴身侍卫百姓。

即便如此，以上这个翻译也不是完全对等的翻译，因为原文有一段文字，是蒙古语诗歌韵文，词首发音为 [x]、[a]、[ə] 的几个名词都是韵脚字：helige（肝）、heregei

（大拇指）、a'ušigi（肺）、aman（嘴）、a'urtan（刚气）、ere（男人）、erdemüdten（很有技能）。从语言风格上说，上面的译文还没有体现原文诗歌的韵律。

五　源语言是汉语，语义翻译的核心视点是目标语规范

如果源语言是汉语，那么翻译的目的就是让对方明白我方意图。翻译以清晰、严谨、准确为上，因此力求每句必译。逐句翻译仍以语义基本对等为原则，我们以《华夷译语》里记载的明代初年朱元璋诏书（第一行是汉字记录的蒙古语语音，第二行是旁译；蒙古语拉丁文转写依据[栗林均2003]）为例，以句子中的词为单位说明明初诏书翻译规范。

5.1　单词用法符合目标语规范

（3）天之所覆，地之所载，生民之多，莫知几何。

腾吉^舌理 迭　粘别^克迭^克先　斡脱格揑　额儿古^克迭^克先　斡栾　阿迷坛　客敦　不古宜
天　　　　覆的　　　　地　　载的　　　　　多　生灵　几　有的
兀禄　蔑迭^克迭模。
不　　知　　可

tenggiri-de nembekdeksen ötögen-e ergükdeksen olon amitan kedün bügü-yi ülü medekdemü.

源语言汉语是一个否定性无定代词"莫"做主语的句子，目标语蒙古语是一个无主句，动词mede-（知道）使用被动语态，表示"mede-"这个词的主语在句子之外，加上否定副词ülü，就可以表达"没有人知道"的意思。译者准确掌握了蒙古语的表达规范。

5.2　直译源语言中的文化词汇以求与目标语大致语义对等

源语言汉语里面的文化意义往往无法准确对译，只能追求大致的语义相等，如：

（4）其顺天之道，安有不妥也哉？

额捏　蔑图　腾吉^舌理　因　阿兀^舌里　答^中合撒阿儿　客额速，兀禄　阿木儿里^中忽　约孙
这　般　天　　的　气候　　随的　上头　　说呵　不　　安定　的　道理

兀该　备者。
无有　也者

ene metü tenggiri-yin a'ur-i daqasa'ar ke'esü, ülü amurliqu yosun ügei büi ǰe.

源语言汉语"天道"，意思类似于"社会发展规律"，蒙古语没有相应的文化概念，只能译作tenggiri-yin a'ur-i，即"天的气候"。

5.3 放弃源语言的修辞格以求与目标语大致语义对等

（5）天择元君，渐生草野，芟夷诸丑。

腾吉ᵗ理　大元　忙豁ᵗ合罕泥　莎汪ᵗ忽周，忙ᵗ豁ᵗ合札ᵗ刺　脱ᵗ列ᵗ温周，斡栾
天　　　 靼靼皇帝行　拣着　　 靼靼地面　　 生教着　　多

ᵗ合ᵗ里塔泥　抹ᵗ豁阿周……
邦土行　 败着

tenggiri Dai Ön Mongqol qahan-ni songquǰu Mongqol qaǰar-a töre'ülǰü olon qaritan-i moqo'aǰu……

源语言汉语"草野"借喻"人民繁育很多"，且在源语言汉语里"草野之民"有等级色彩，特指没有地位的普通百姓。蒙古语只能译成直白语言，"让蒙古老百姓生"：

Mongqol　qaǰar-a　　　tore-'ül-ǰü
蒙古　　地方—方向格　生—使动—并列副动词标记

（6）令生齿之繁，上合天心。

亦儿格　你颜　温都儿ᵗ罕　斡思格周，迭额列　腾吉ᵗ理　因　勺ᵗ里黑图儿　阿答里
百姓　　自的　滋息　　　长着　　 上　　　天　　　 的　 意思里　　　相似

孛鲁兀兀速……
做呵

irgen-iyen undurqa-n ösgeǰü, de'ere tenggiri-yin ǰoriq-tur adali bolu'asu……

源语言汉语"齿"借代"百姓之多"，蒙古语只能译成直白语言，自己的百姓不断生长：

irgen-iyen　　　　　undurqa-n　　　　ösge-ǰü
百姓—反身领属标记　滋长—联合副动词　生长—并列副动词

比较汉文诏书和蒙古语对译，能发现两者最大的区别：有些汉语里特有的文化概念、富有文采的修辞格，在目标语蒙古语里皆不便再现，只能求语义大致对等。

六　双语词典以汉语词汇为核心视点

明代《华夷译语》是一部双语词典丛书，记载了与明代外交往来比较多的几个国家及中国少数民族的语言，目前所存常见的有朝鲜、琉球、日本、安南、占城、暹罗、鞑靼、维吾尔、西番、回回、女真、百夷、满剌加等13种。词典以汉字记录外来语的发音，以汉语词汇对应翻译。我们以鞑靼馆（即蒙古语）的词典为例，说明明代双语词典的编纂特点。

6.1　以汉语词汇意义为类聚标准

按照中国第一部词典《尔雅》体例，以汉语词汇意义为核心类聚分为17—18个门类，一般都有：天文门、地理门、时令门、花木门、鸟兽门等。以《华夷译语》中所记蒙古语词汇为例，分作：天文门、人物门、地理门、时令门、花木门、鸟兽门、宫室门、器用门、衣服门、饮食门、珍宝门、人事门、声色门、数目门、身体门、方隅门、通用门17个义类。

6.2　以汉语词语为核心视点

所收词语以汉语词汇为核心视点，在对象语中也许只能用词组表达。如：天河，对应的蒙古语为tenggiri-yin oyalar（直译：天上的拴马桩）；清早，对应的蒙古语为manaqar erte（直译：明天早时）；自由，对应的蒙古语为ö'er-ün dura-bar（直译：跟随自己的内心）等。

鉴于这种规则，有些时候编纂者可能会忽略源语言与目标语的对应关系。如：雷，词典蒙古语为tenggiri dongqodum（直译：天庭鼓起），这是一个主谓结构的词组，后面的词尾当为-n（读作-m是语音和谐产生的变体），表示该词为联合关系的副动词，最合适的汉语翻译当为"天打雷"，与汉语名词"雷"并不完全对应。

6.3　完全忽略目标语的语法形态

蒙古语的名词有单数和复数之分，词典名词不在意单复数。如：汉人，对应的蒙古语kitat，这是契丹kitan的复数形式。

中世纪蒙古语的时间名词个别要携带后置词，才能进入句子，如：午，对应的蒙古语üdür düli，汉语表示时间的单词"正午"可以直接做句子成分，蒙古语必须加后置词表示时间，düli是"正中间"的意思。

蒙古语的动词要根据其在句中的位置和功能,附加不同的形态标记,成为副动词、形动词或者谓语动词,如:

飞,对应的蒙古语nisqu,动词词根是nis-,-qu是附加在蒙古语形动词上表示非过去的时态标记,可以做谓语动词,也可以做名词的修饰语。

叫,对应的蒙古语mailam,动词词根为maila-,后面的词尾当为-n,即表示联合关系的副动词,仅用于羊咩咩叫。不能结句,仅在句子中做状语。

饱,对应的蒙古语čatba,动词词根为čat-,后面的-ba,附着在谓语动词上表示过去时。

在《华夷译语》中绝大部分动词以词根方式被收录,如:吃,ide;听,sonos;见,üǰe;拿,bari;来,ire;行,yabu;入,oro;扯,tata等。

总之,不管是名词还是动词,与汉语的词汇对应时,其语法形态都被忽略。

七　结语

根据明代语言翻译实践,我们认为明代初年建立的外来语翻译规范,主要有以下几条:(1)广泛使用意译,一般不使用音译,除非是人名、地名等专有名词。(2)源语言为外来语时,以语篇中的段落为基础,每段以文言译出大意。(3)目标语是外来语时,每句必译,中国特有的文化词采用直译方式,修辞格忽略,以直白语言译出。(4)词典编纂以词义对等为原则,不考虑外来语的语法形态。总体原则是坚持语义翻译,忽略语法差异,同时尊重源语言与目标语的规范。

"语义翻译"与"交际翻译"相对而存在:语义翻译旨在接近源语言文本,可以指语篇上的翻译技巧,范围可大到段落,特点是考虑上下文语境,只传达出源语言作者的大意;也可以针对词语,只寻求意义大致对等,忽略语法形态差异。"交际翻译"旨在忠实于译文读者,尽力准确再现原文的意义和语境,不仅语义甚至语言风格都尽力与源语言对等。我们日常所说的"意译",与"音译"相对而言:指针对句子中的词语,采用模拟外来语的语音形式还是使用本民族语言材料重新构造新词,比如"德律风"为音译,"电话"为意译。"语义翻译"与"意译"两者不是同一层次的概念。

明代语义翻译的最大优点是:我们迅速了解了外来文字记录的文化,吸收了外来文化的合理思想,但同时保证了本民族语言的纯洁性。语义翻译的最大缺点是,由于忽视语法规则、句法结构差异,不追求源语言与目标语逐句单位的语言学翻译转换,明代"四夷馆"译字生的外语水平普遍不高。像明代初年能将皇帝诏书流畅地翻译成目标语的人才,到明代中后期以后越来越罕见。政府不得不依靠从事国际贸易的商人充当翻译。而这些人往往看重私利，对国家安危关注太少。

今天我国再次面临国际化潮流，在文化接受方面，我们不妨学习中国传统做法，遵照语义翻译原则，加强中国与外来语学者合作翻译。在语言教学方面，双语词典编纂可以适当采纳语义翻译，以词义类聚方便学生记忆单词群组；句子理解方面，则应以语法讲解帮助学生领悟单词用法。只要国家制订了相关翻译规划，我们一定可以既快速吸收外来优秀文化，又迅速培养出卓越的外来语人才。

参考文献

曹广顺：《近代汉语助词》，商务印书馆，2014 年。
额尔登泰、乌云达赉校本：《蒙古秘史》，内蒙古人民出版社，1980 年。
热扎克·买提尼牙孜：《西域翻译史》，新疆大学出版社，1996 年。
乌云高娃：《洪武本〈华夷译语〉鞑靼来文汉字音译规则》，《西部蒙古论坛》2013 年第 1 期。
谢天振：《当代国外翻译理论导读》，南开大学出版社，2008 年。
〔日〕栗林均：《〈华夷译语〉（甲种本）モンゴル语全单语・语尾索引》，东北大学东北亚研究中心，2003 年。
〔日〕小泽重男：《元朝秘史全释》，日本株式会社风间书房，1984—1986 年。
〔日〕小泽重男：《元朝秘史全释续考》，日本株式会社风间书房，1987—1989 年。
〔日〕小泽重男：《元朝秘史蒙古语文法讲义》，日本株式会社风间书房，1993 年。
〔日〕小泽重男著，呼格吉勒图等译：《中世纪蒙古语形态研究》，内蒙古教育出版社，2004 年。

The Norms of Foreign Language Translation in the Early Years of the Ming Dynasty

Chao Rui

Abstract: Based on attested cases from *Huayi Yiyu* 华夷译语 and *Menggu Mishi* 蒙古秘史, documents compiled in the early years of the Ming Dynasty, this paper expounds on the norms of foreign language translation set up at that time, which mainly include the following four principles: (1) paraphrasis is widely applied while phonetic transcription is generally avoided, except in cases of proper names for persons and places; (2) when foreign languages are the source languages, free translation is applied, and the rough meaning of each paragraph is rendered into classical Chinese; (3) when foreign languages are the target languages, every sentence of the Chinese source texts is translated into the target language, with the unique Chinese cultural words literally rendered in plain language and all figures of speech ignored; (4) in bilingual dictionary compilation, the principle of lexical-semantic equivalence is followed, with no attention paid to the grammatical forms of the given foreign language, that is, semantic translation instead of literal rendering is applied.

Keywords: foreign languages in Ming dynasty; translation; norms

（通信地址：223300 淮安 淮阴师范学院文学院）

中国少数民族语言资源保护：
进程、问题与相关策略*

丁石庆

提要：中国语言资源保护工程少数民族语言（以下简称"民语"）调研专项任务进程过半，调研点涵盖了中国大陆和台湾岛55个少数民族语言的若干方言及土语，其中也包括数种混合语等特殊语言类型。目前，民语调研专项任务进展顺利，但也不可避免地存在着一些问题，其中部分源自前期工作不足，部分缘于管理运作机制的客观缺陷，另外也有人为主观因素。本文对民语调研进程及其存在问题予以初步梳理，并讨论了解决这些问题的相关策略。

关键词：少数民族　语言资源保护　问题　后续推进　相关策略

一　引言

2015年5月，教育部、国家语委印发了《关于启动中国语言资源保护工程的通知》，并组织开展了全国范围的语言资源调查工作。该工程是由国家财政支持，教育部、国家语委领导实施的一项大型语言文化类国家工程，也标志着继60年前党和政府进行中国境内汉语方言与少数民族语言普查后的又一次大规模语言调查工作的全面展开。2016年5月，国家语委与国家民委办公厅共同发布了《关于推进中国语言资源保护工程少数民族语言调查的通知》，并颁布了2015—2019年在全国少数民族中展开310个一般点、110个濒危点的总体规划表。

目前，中国境内已经识别和正在使用的语言涉及汉藏、阿尔泰、南岛、南亚、印欧5大语系，还有尚难界定语系、语族或语支及混合语等语种，分属于上述语系的10个语族

---

* 本研究系国家社科基金重点项目"中国北方人口较少民族语言资源保护的理论与实践研究"（编号：15AYY012）、中国语言资源保护工程民语调研专项任务"民族语言调查项目管理"（编号：YB1734B034A）阶段性调查研究成果。本文曾于2017年9月23—24日在陕西省西安市召开的"第四届语言资源保护国际研讨会"上宣读过。衷心感谢中国民族语言学会秘书长王锋研究员对本文提出的修改建议。

的语言计130余种。此外，还有蒙古语、朝鲜语、哈萨克语、乌孜别克语、傣语、壮语、苗语、瑶语、景颇语、哈尼语等38种跨境语言。因此，我国也是语言资源大国。对中国境内分布的少数民族语言资源实施调研与保护迫在眉睫。

目前，中国少数民族语言资源保护专项任务过半，工作开展顺利，已取得丰硕成果。但受各种原因影响，工作中还不可避免地存在一些问题，有些问题需要严肃面对，并集思广益，积极寻找可行的解决方案，而有些问题则有待后续推进工作中逐步解决并完善。

二　进程概述

在2015年启动少数民族语言资源80个调查试点工作的基础上，根据少数民族语言资源保护工作的复杂性及在整个工程整体建设中的特殊地位，国家语委、教育部语信司、中国语言资源保护研究中心（以下简称"语保中心"）委托中央民族大学专设"中国少数民族语言资源保护研究中心"（以下简称"民语中心"），全面负责协调和调动全国少数民族语言文字方面的力量来推进少数民族语言资源保护工作。为确保中国语言资源保护工程民语调研专项任务的高质量推进，民语中心自成立以来做了以下工作：一是利用各种手段或渠道，配合教育部语信司及语保中心积极开展各种宣传活动。二是开展了多种形式的工程培训。中心每年分别组织三类"中国语言资源保护工程民族语言调查培训与交流"：第一类为一般培训，主要围绕工程意义、要求、技术规范、数据采集质量等内容进行针对性的讲解、经验交流，并重点进行实际操作演练观摩等活动；第二类为专项培训，分别涉及濒危语言点的调研培训与交流、濒危语言志撰写、语料整理等内容；第三类为试点观摩活动，通过指导和监督课题人员完成各个实际操作环节，确保各调查点工程质量达标。三是把好选点、中期检查和结项验收关，确保工程实施的科学性和有效性。民语中心成立了少数民族语言资源保护研究专家咨询委员会，定期召开碰头会，分别就立项、一般点与濒危点工作重点、调研工作启动与前期材料审核、语料标注统一规范、中期检查、预验收、验收等工作内容进行讨论与决议。

在教育部语信司的正确领导和语保中心的科学指导下，民语中心整合和利用各类资源，保障了工程后续工作的顺利实施。截至2017年年底，已协助完成了2015年80个点的验收结项工作，主持并组织了2016年88个点、2017年81个点的立项、培训、中检、验收及结项工作。2018年3月初步完成了2018年度的预立项工作。总之，民语调研专项任务稳步推进，进展顺利。目前，调研点已覆盖了分布于中国大陆和台湾岛的55个少数民族约120余种语言的若干方言及土语，其中也包括数种特殊类型的语言。

中国语言资源保护工程少数民族语言调查调研点分布表
（2015—2017年立项计划及2018—2019年后续立项计划）

语系	语族（语种数）	规划调查点 一般	规划调查点 濒危	2015—2017 一般	2015—2017 濒危	2015—2017 总计	2018—2019 一般	2018—2019 濒危
汉藏	藏缅（49）			54	30	84		
汉藏	侗台（17）			46	7	53		
汉藏	苗瑶（9）			22	1	23		
阿尔泰	突厥（14）			21	5	26		
阿尔泰	蒙古（7）			24	3	27		
阿尔泰	满—通古斯（5）			5	3	8		
南亚	孟高棉（13）	310	110	8	7	15	122	48
南岛	台湾语群（17）			1	1	2		
南岛	回辉话（1）				1	1		
印欧	斯拉夫（1）			1	1	2		
印欧	伊朗（1）			3		3		
	朝鲜语（1）			3		3		
	混合语（6）				3	3		
	总计	310	110	188	62	250	122	48

上表的统计数据显示，2015—2017年已完成总任务的59.52%，共计完成250个点，其中，一般点为188个，濒危点为62个。2018—2019两年还需完成170个点，约占总任务比例为40.48%，其中，一般点122个，濒危点48个。

2015—2017年各语族设点和完成的情况如下：藏缅语族84个点，约占已完成任务的33.6%，其中一般点54个、濒危点30个；侗台语族53个点，约占21.2%，其中一般点46个、濒危点7个；苗瑶语族23个点，约占9.2%，其中一般点22个、濒危点1个；突厥语族26个点，约占10.4%，其中一般点21个、濒危点5个；蒙古语族27个点，约占10.8%，其中一般点24个、濒危点3个；满—通古斯语族8个点，约占3.2%，其中一般点5个、濒危点3个；孟高棉语族15个点，约占6.0%，其中，一般点8个、濒危点7个；其他（包括南岛语系、印欧语系、朝鲜语、混合语等）14个点，约占5.6%，其中一般点8个、濒危点6个。

另外，广西壮族自治区民语委制定了《广西少数民族语言调查点总体规划（2017—2020年）》，该规划由自治区民语委组织实施，将纳入中国语言资源保护工程民语调研专项任务总规划中，按照统一的调查手册进行。该规划涉及广西壮族自治区境内的壮侗语族、苗瑶语族、藏缅语族及京语、标话等语言及方言共计61个点，包括42个一般点、19个濒危点。采集的所有语料由语保中心归档入库。2017年，已启动了15个点，包括11

个一般点、4个濒危点。后续几年每年平均启动十余个点。这样,中国少数民族语言资源保护专项任务整体计划实际上又增加了61个点,民语调研点总数增加到481个点,其中一般点增加到352个,濒危点增加到129个。

中国语言资源保护工程民语调研专项任务实施三年来,全国20余个省市区的50多所高校与科研机构及地方民语委等单位参与了调研工作,课题组成员总人数超过1000人。其中,课题负责人中少数民族母语专家约占三分之一左右。课题组成员中以研究生为主,也有部分本科生。

三 问题与相关策略

中国语言资源保护工程民语调研专项任务实施以来,不可避免地存在一些问题。其中部分因前期准备工作不足等导致,也有部分是因宣传力度不够,社会与地方相关部门配合不够默契,运作机制不合理等造成。此外还有其他原因。为顺利实施专项任务,民语中心有针对性地采取了以下一些工作策略与措施,分述如下:

3.1 专项任务实施进程中的问题及其相关策略

3.1.1 统一认识与确定相关原则在先,应对诸多分歧

民语中心成立以后,首先面对的是规划和布点问题。因专家咨询委员会由不同单位、不同年龄层的专家组成,最初在规划和布点问题上存在各种分歧,导致讨论会往往出现不同意见,甚至还因激烈争论而导致会议难以顺利进行。

为此,民语中心决定先根据专项任务的规定和要求,统一认识并达成共识,先确定相关原则,在此基础上讨论和确定总体规划表,之后项目负责人按照总规划表提出各语族、各语言及方言布点数,在此基础上再提出年度计划表。年度立项表经过专家委员会的讨论和一致通过后才能进入预立项申报阶段。经过群策群力,集思广益,达成以下工作共识:

(1)确定按照中国境内已识别和基本确定的少数民族使用130余种语言的总数来进行整体布点,严格按照教育部语信司、语保中心要求和规定,即2015年至2019年五年内共计完成420个点(包括310个一般点和110个濒危点)的民语专项调研任务要求来统筹规划调研工作。

(2)原则上,按照各语族的语种总数来布点,按平均数一个语种一般不应超过3个点(每个语种的濒危点一般不超过1个,最多2个),之后再按照语言的使用人数、方言土语数量及分歧大小等因素来增减。方言分歧大的可增加设点,新发现语言、未定语系语

言和混合语等要单独设点。

（3）依据学界确定的语言濒危原则讨论并基本确定了我国境内濒危语言的大致数量。此外，还确定不超过一万人使用的某种语言的方言或土语原则上也可设为濒危点。

3.1.2 宏观把控与微观调整相结合并适度变通，以适应少数民族语言的实际情况

专项任务立项之后紧接着的培训工作一般由语保中心派专人负责。培训师对中国语言资源保护工程的规定和要求讲解十分全面，对调查手册的解读也详尽细致，起到了很好的宣传和指导作用。但因少数民族语言资源保护专项任务面对的是中国少数民族更为错综复杂的语言情况，民语中心在原有的《中国语言资源调查手册》基础上制作了主要针对不同语系的不同语族的语言，包括某些特殊类型语言的8种调查手册，其中汉藏语系藏缅语族、壮侗语族、苗瑶语族三个语族各1本，阿尔泰语系突厥语族、蒙古语族、满—通古斯语族三个语族各1本，印欧语系俄罗斯语1本，朝鲜语1本。调查手册分别增补了1800条扩展词（各语族相同，俄罗斯语和朝鲜语独立），50条句子（各语系相同，俄罗斯语和朝鲜语与阿尔泰语系相同）等内容的调查手册。考虑到一些语言的具体情况，规定印欧语系伊朗语族的塔吉克语可使用突厥语族语言调查手册，而南亚语系和南岛语系及混合语等语言可视具体语言的情况分别参考上述不同语族的调查手册。

另外，我国130余种少数民族语言分属于孤立、黏着、屈折等不同语言类型，尤其是黏着语类型的阿尔泰语系语言、屈折语类型的俄罗斯语等语言情况更为特殊，即便是同属于一个语系的语言，语言特点也差异极大。如藏缅语族和同属汉藏语系的壮侗语族、苗瑶语族就有诸多不同，这给语料整理培训工作带来了新的难题。特别是在语料整理规范上，需要进行分类培训和指导，这些都需要在语保中心培训专家先期讲解的基础上补充某些微观与细节问题的解释和说明。

针对上述各类问题，民语中心积极采取各种办法做了补充相关内容、加大培训期间的实际操作等办法使专家的培训知识"落地"，并实行培训后期由参与过语保项目的研究生分组承担具体指导和分类补充培训工作。另外，针对不同语言类型的语料整理，民语中心专门组织不同语言类型研究专家先期进行专题设计研究，制定适应于不同类型语言的语料整理规则，针对不同类型的语言采用不同的语法标注方法，解决了语料整理中存在的一些问题。

在实施调研期间，因前期宣传力度不够，或因调查团队准备工作不充分，导致部分课题组在一线调查现场出现了诸如调查点相关部门领导及负责人员不配合甚至反感抵触的现象。也有个别调研点邻近旅游景点，调研期间正值旅游旺季，最合适的发音合作人往往因承担导游任务而无法配合调查。甚至还出现过以下特殊情况：调研点原本为课题负责人曾经调查过或熟悉的点，在立项前也曾联系甚至确认了发音合作人，但立

项后却获悉该发音合作人因患病无法配合，甚至还有在课题组进入调研点之前离世的情况。

针对上述问题，民语中心一方面借助教育部语信司和国家民委相关部门的大力支持，通过加大宣传力度、发布相关通知等方式解决了部分问题；另一方面，大力挖掘人脉资源，协调各种关系，为相关团队尽可能地提供帮助，对旅游景区附近的调研点提出了避开旅游旺季进行调查的建议。对要求换点或发音合作人因疾病或离世等原因无法配合工作的特殊情况也酌情提出了解决方案。

濒危点的情况可谓五花八门，其中最普遍的情况是难以找到各方面都符合专项任务规定要求的发音合作人。另外，一些濒危点的主要发音合作人无法同时完成词汇、句子和话语等规定任务；有的濒危点口头文化类型较为单一，甚至找不到可以提供歌谣、故事的发音合作人；有的发音合作人不善于自由编述话语，提供的话语无法满足规定的时长和内容要求。

针对上述情况，民语中心及时向语保中心汇报并提交申请变更报告，规定可在保证采集语料真实性的前提下，根据濒危点的情况寻找最合适的发音合作人，在年龄、职业、文化程度、甚至性别等方面可允许适度变通；对某些主要发音合作人无法独自完成全部摄录任务的点允许增加一个发音人来分别完成规定的任务。另外，对有些无法直接采录到规定时长语料的语言点，也允许其采用设专题对话聊天的形式尽量完成规定的任务。

在保证工程质量的前提下，民语中心尽量做到根据实际情况，实事求是、特事特办的人性化管理方法。如对在课题立项进程中或立项后因各种原因确实无法实施调查并提出更改调查点的，经项目负责人确认后予以更改。另外，民语中心也通过与相关部门联系，协助解决了在大陆高校任职的一位台湾学者对台湾南岛语群一个濒危点的立项和调研工作，从而实现了语保工程民语调研点对大陆与台湾的全覆盖。

3.1.3 强化质量意识，增强使命感与责任感，调动所有参与课题者的主观能动性

在民语调研专项任务实施进程中，有几个关键节点，即中检、验收和结项。在这几个节点中，质量把关是重中之重。

中检阶段是为了保证前期摄录工作是否达到规范要求的技术指标和可否开展后期工作的承上启下的重要阶段。我们在此项工作进程中发现了以下情况：其一，由于前期按照惯例要求采用抽检的方式无法监控和了解课题组工作全貌和摄录语料的整体质量，尤其是音系归纳和纸笔记录的抽检结果，也无法使中检人员对课题组给予具体的指导和整改建议，从而可能会影响到课题的质量。其二，因我国的少数民族语言大部分无传统文字，因此，许多发音合作人或因无规范制约，或因文化程度所限，可能会出现在不同时间、不同场合出现同一词的不同发音形式，有些发音合作人甚至还根据自己的

感觉编词、造词，这些都可能会使采集语料的稳定性及质量大打折扣。

针对上述情况，我们在培训时就反复强调前期现场纸笔记录的重要性，并提醒一定要注意审核语料的纸笔记录和发音上的前后一致性。另外，还根据经验，建议在摄录现场要有一位或两位熟悉该语言的母语人协助发音合作人的工作，他们可能是母语更为熟练的长者或发音合作人的亲人、发小、朋友、同事等，他们可承担提词、审词、监督等工作，经多个调研点试验，证明其具有一举多得的效果：其一，可以协助我们监督摄录材料的真实性与普遍性；其二，这些"局外人"除了充当顾问的角色外，还能发挥稳定发音合作人情绪的作用；其三，在摄录间歇期间他们彼此的交流也往往与摄录内容相关，同时使发音合作人的精神始终保持在最佳状态，也为保质保量完成任务创造了良好的条件。

另外，民语中心改变以往的惯例，要求各课题组中检时就提交全部纸笔记录、音系归纳及摄录的音像材料。这一做法虽然增大了民语中心中检的工作量，但弥补了工作漏洞。另外，根据以往的经验教训，从民语中心层面组织了专门的技术团队，对某些新课题组，或因缺少掌握技术规范的成员的课题组进行协助摄录合作，以保证技术规范，摄录一次便可做到质量达标，大大地减轻了课题组的工作量，使他们可全身心投入到模板的整理和规范化上。此外，我们将会检和巡检相结合，扩大巡检的范围和深度，并适度提前了一些时间，也在一定程度上提升了中检的质量。

验收分预验收和验收两步，我们在预验收中发现，某些课题组提交的预验收材料可以满足技术规范要求，但语言事实方面存在诸多问题，诸如音系归纳、词汇标注、语法标注、口头文化材料的标注与翻译等不符合规范要求，甚至存在硬伤。

针对上述情况，我们加强了语料整理培训内容和培训时间长度，并增加了专家答疑和讨论的内容。另外，针对预验收阶段对语言事实的审核存在某些争议的情况，则采取由多位专家进行多次审核的办法，给语言事实的审核多设了一道质量关。

按惯例来说，结项基本就意味着课题的结束。实际上，后续还有一些扫尾工作，但因结项时工作量巨大，民语中心人手少，仅凭中心的人员无法保质保量完成任务。

针对上述情况，我们调动各方专家力量、相关人员及参与民语调研专项任务的学生，采取分解任务、分工负责、互相监督的做法，来保证结项工作无遗留问题。

总之，民语中心通过各种手段强化质量意识，旨在确保工程的质量生命线。我们在各种场合都反复强调语保工程的重要意义及其价值，申明它是一项国家行为，是迄今为止世界范围内最大的一项语言文化工程，是百年不遇的千秋大业。这样一个巨大工程，需要保质保量达标，才能称得上质量过硬，也才能无愧于"伟大工程""千秋大业"这样的美誉，否则就是一个豆腐渣工程、烂尾工程。总体上，这样的做法也收到了预期的效果。

3.2 后续推进与相关策略

在教育部语信司的领导和语保中心的科学指导下,民语中心调动和依靠各方力量,充分发挥民族院校和研究机构的引领作用,强化课题承担人员的历史使命感和工作责任感,坚持质量第一的意识,促进了民族语言调研专项任务的顺利推进。但需要指出,除了上述调查实施进程中的问题外,还有以下有待在后续工作推进中解决的问题。

3.2.1 全面盘点、梳理、评估已布点格局,查漏补缺

自2015年实施中国语言资源保护工程民语调研专项任务以来,民语调研专项任务已完成约60%。目前,对已设点情况进行全面盘点,梳理各语系、各语族、各语支、各语言与方言及土语情况,并将其统计结果予以评估的工作有必要提到议事日程。我们需要综合考虑从整体规划的视角来评估已布点的科学性、合理性,并查漏补缺,对亟须列入调研规划的一些点抓紧落实课题负责人,最好提前通知其做好准备工作,甚至可提前至当年二期立项时列入计划内,以免留下遗憾。

3.2.2 探讨继续开展南岛语布点与实施调研任务的可行性

限于各种原因,之前我们在台湾南岛语群开展的调研工作仅涉及了两个点。由于大陆学者中研究南岛语的专家学者极少,健在的也都步入高龄,身体等各方面情况也都不允许承担相关课题。鉴于此,我们将竭尽全力,挖掘各种资源,探索各种可行途径,希望能够在后续推进中多列几个南岛语濒危点。

3.2.3 督促并抓紧落实濒危语言志书稿的撰写与出版

在中国语言资源保护工程民语调研专项任务中,濒危语言志的撰写是一个特殊而光荣的任务。目前,已有部分书稿列入商务印书馆的出版计划,并荣幸地获得国家出版基金的支持。但其他未列入出版计划及后续几年的濒危语言志的出版事宜还未最后落实。根据语保工程的新近规定,2017年之后濒危点的语料采集任务与一般点一样,濒危志的出版也仅作为后期资助项目。我们将联系相关部门,呼吁相关部门将民语濒危语言志的出版作为一项重要的任务,或作为一项重要课题列入重大或委托项目,也可作为专项出版计划申报相关出版基金。

四 基于问题的相关思考

4.1 关于少数民族语言资源的类型问题

中国少数民族语言资源相较于汉语及方言,无论从类型上,还是内容上,都更丰

富、更多样化，更凸显出复杂性和不平衡性，这给当前的语言资源保护工作带来了较大的难度，有些方面极具挑战性。对丰厚型、消弱型、濒危型、极度濒危型等不同资源类型的少数民族语言的保护，我们可以采取不同的保护策略，尤其是在语料采集工作中也应实施不同的方案，不宜施行"一刀切"的做法，应提倡精准保护的措施。以目前制定的调查手册来说，虽然在调查属于消弱型或濒危型甚至极度濒危型的语言时会出现诸如词汇缺失、句型无法表达、口头文化类型单一、话语自由编述能力不够等诸多语言资源严重萎缩的现象，但对于丰厚型且有传统文字的语言来说，此调查手册的内容过于简单，收集到的语料没有涉及这类语言资源应该涉及的丰富内容。另外，保护的时间性和策略性也应作一定的考量，即应以率先抢救无文字和濒危的语言为主，在学术研究及保存角度也应坚持先求其有、后求其善的原则，抓紧先将所有处于濒危语言资源类型的语料予以充分收集和保存，以免发生更严重的语言缺失或消失。即使属于同一语言资源类型的语言，彼此间也存在各种差异，制定基于每种语言资源类型和特征的具有针对性的调查手册，也是我们需要在今后规划和调查实施中重点关注的问题。

4.2　关于少数民族语言资源保护的可持续发展机制构建问题

我国语言资源的科学保护是党和政府的长期国策，而非权宜之计。因此，少数民族语言资源保护可持续发展机制的构建就是一个长期的任务。为此，作为从事民族语文事业的学者和仁人志士，我们也需要做长期的科研规划特别是为少数民族地区提供语言服务的计划。作为学者，我们应配合党和政府的政策全力做好相关工作。首先，我们可以通过各种渠道，大力宣传联合国教科文组织倡导的语言文化多样性的基本思想和观点，以及党和政府基于语言和谐观之上的民族语文政策，从而为营造和创建少数民族语言文化多元内生动力机制，为少数民族母语个体和群体建立语言资源传承与保护的自觉与自律意识奠定理论基础。其次，我们可以通过诸如语言资源保护工作制度、母语及双语教育制度等权利系统构建长效的外部保障机制。另外，还可以通过各种渠道构建并完善语言资源保护的稳定发展机制。

4.3　关于少数民族语言研究后续人才培养问题

从民语中心年度项目的验收情况可知：有传统文字民族语言点的任务完成较为顺利，而无文字语言尤其是濒危语言的调研，从布点、实施调研、验收和结项等多个环节均存在各种问题。如有一些语种处于极度濒危的状况，亟须抢救，而具备承担课题能力的专家或因年纪太大、体力不济，或因重病缠身等原因无法承担课题，课题负责人难以落实。又如某个濒危语种的课题负责人是国内仅有的曾做过该语言调研或出版过相关成果的学者之一甚至是唯一的学者，其提交材料中的语言事实部分无法找到合适的专家进行审核把关，多位专家的审核结果又有一定分歧，甚至反差很大。这些都说明少数民族语言研究队伍青黄不接、人才断层已成不争事实。

五　结语

综上所述，中国少数民族语言资源保护专项任务进程过半，进展顺利，在以下几个方面收效显著：

第一，宣传了国家和党的"科学保护各民族语言文字"的政策，从而增强了少数民族同胞珍爱母语、保护母语、传承文化的意识，进一步促进了少数民族语言文化事业的发展。

第二，对中国境内的少数民族语言及方言土语情况进行了较为全面的摸底与排查，为我国少数民族语言资源类型与层次分类，并进行科学与精准保护提供了可靠依据。

第三，对少数民族语言文字工作队伍进行了一次学术检阅与专业训练，也使少数民族语言研究规范化工作上了一个新的台阶。

第四，获得了大量第一手资料与相关数据，为国家语言资源保护数据库、国家语言文字博物馆及各类相关平台的构建奠定了良好的基础。

总之，中国少数民族语言资源保护将充分利用绝佳机缘，广泛调动各种资源，发挥优势，竭尽全力，以无愧于新时代赋予我们的伟大历史使命。

参考文献

陈章太：《论语言资源》，《语言文字应用》2008年第1期。
丁石庆：《少数民族语言保护迫在眉睫——中国少数民族语言资源保护的现状、机遇与挑战》，《光明日报》（语言文字版）2016年12月11日。
丁石庆：《语言资源类型与数据采集层次——以北方民族语言为例》，载张世方主编《语言资源》，商务印书馆，2017年。
黄　行：《少数民族语言活力研究》，中央民族大学出版社，2001年。
李锦芳：《中国濒危语言认定及保护研究工作规范》，《广西大学学报》2015年第3期。
孙宏开：《中国少数民族语言活力排序研究》，《广西民族大学学报》2006年第5期。

Protection of Minority Language Resources in China: Process, Problems and Related Strategies

Ding Shiqing

Abstract: The Minority Language Survey (abbreviated MLS hereinafter), a special subproject of China's Language Resource Protection Project, has been completed halfway through. The MLS fieldwork sites cover a certain number of localities in China's mainland and the Taiwan Island where are distributed the dialects and local varieties of languages spoken by 55 ethnic minority groups, including several hybrid languages a special type of language. At present, in spite of the smooth progressing of MLS, there are some inevitable problems: some result from the inadequate prep work while others from the objective drawbacks of the working mechanism of administration; moreover, there involve personal subjective factors. This paper provides a preliminary review on the process of MLS and the existing problems, and comes up with the related strategies to solve these problems.

Keywords: ethnic minority groups; language resource protection; problems; follow-up efforts; related strategies

（通信地址：100081 北京 中央民族大学中国少数民族语言文学学院）

信息化条件下的民族语言文字研究[*]

龙 从 军

提要： 我国有55个少数民族，共使用100多种语言和20多种文字，民族语言文字资源十分丰富。我国民族语言研究具有历史阶段性特点，在不同历史时期，研究主要任务也不同。新中国成立后，民族语言研究经历摸清家底、理清现状、制定规范、标准、深入结构描写，开展语言资源保护研究等不同阶段。当前，人类社会正面临高度信息化和智能化阶段，在这个过程中，语言信息化和智能化居于重要的地位，将发挥重要作用。在信息化条件下民族语言文字研究又面临新的任务。本文简要讨论信息化条件下民族语言研究的现状、问题和任务。

关键词： 语言文字　字符编码　信息化

一　引言

我国有55个少数民族，使用100多种语言和20多种文字，丰富的民族语言文字资源成为国家重要的文化资源之一。新中国成立以来，我国颁布了一系列国家级、地方级的法律、法规，明确规定了民族语言文字的法律地位。在不同历史时期，政府主导开展了一系列民族语言研究的重大课题，加快了民族语言文字研究进程，对民族语言文字的传承、保护发挥了巨大作用。人类社会正处于信息时代，互联网成为人们交流的基础平台之一，民族语言文字面临着适应信息化时代要求的重要问题。民族语言文字与使用人口较多语言文字的数字鸿沟不但没有缩小，反而成日趋严重之态，其结果必将导致"语言更为不公平"和"大量语言发生生存危机"。"语言不公平必然会带来语言歧视，语言歧视又必然产生民族和文化歧视"。（李宇明2003）我国政府十分重视民族语言文字信息化的进展，在政府文件中多次指出要"做好少数民族语言文字规范化、标准化、信息化工作"。本文主要从信息化条件下民族语言文字急需研究的一些问题角度谈谈自己的看法。

---

[*] 基金项目：国家语委重点项目（ZDI135-17），国家社科基金后期资助项目（18FYY003）。

二 民族语言文字字符研究

2.1 充分认识字符编码的作用

计算机和手机等电子设备并不能直接处理文字图像,而需要将每个图像转化为代码(编码)。当显示字符的图像时,通过代码(编码)在字库中查找该字符的点阵图,最终让我们能够在屏幕上看到文字。(文心2005:84)

一种文字的字符编码就如同一个人的身份证号码,计算机在识别字符时主要依据字符所对应的编码。常见的编码字符集是国际标准Unicode编码字符集,这种编码字符集为每种语言中的每个字符设定了统一并且唯一的二进制编码,以满足跨语言、跨平台进行文本转换、处理的要求[①]。没有编码的字符难以在计算机及互联网上传播,就像一个人没有身份证号码就买不到火车票、飞机票一样。过去,许多民族语言文字没有统一编码,民族语言文字研究专家都遇到过因编码原因导致的文本乱码、文本不能显示等问题。即使有了统一编码,如果编码体系有问题,在使用中也会产生麻烦。例如存在一个字符有好几个编码的情况,就像一个人有几个身份证号码,在不同场合使用不同的身份证号码,给社会管理带来麻烦。如藏文字丁:གྲྀ和གྲི虽然形式上完全一样,编码却不同,前者的编码是:0F42+0F71+0F72,后者的编码是0F42+0F73,在检索、查询具有多个编码的字符时,获得的结果就不一定准确。

2.2 我国民族文字编码现状

我国总共有28种民族文字。蒙古族使用蒙古文和托忒文,藏族使用藏文,维吾尔族、哈萨克族、柯尔克孜族分别使用新中国成立后修订的维吾尔文、哈萨克文和柯尔克孜文,锡伯族使用锡伯文。壮族、傈僳族、拉祜族、布依族、苗族、侗族、佤族、哈尼族、纳西族、土族、羌族使用新创制的拉丁字母文字,其中苗族使用的文字又分为黔东苗文、湘西苗文、川黔滇苗文、滇东北苗文;傣族使用传统的西双版纳傣文和德宏傣文,一些地区使用改进后的新傣文;景颇族使用改进的拉丁字母文字,部分人使用载瓦拉丁字母文字;彝族使用传统彝文,四川凉山彝族使用整理之后的规范彝文。这些文字大体上可以分成两种类型:一是以拉丁字母为基础的拼音文字,如一些新创的少数民族语言文字。另一种为非拉丁字母的文字。非拉丁字母又可以分成两类:一是如维吾尔文字一

---

① https://baike.so.com/doc/4443890-4652181.html.

样的以阿拉伯字母为基础的文字系统；一是如汉文一样的表意文字系统。以非拉丁字母为基础的民族文字有藏文、传统蒙古文、彝文、傣文、朝鲜文、维吾尔文、哈萨克文、柯尔克孜文。这些非拉丁字母的民族文字在国际国内广泛使用，都需要制定统一的字符编码集。

20世纪80年代以来，我国民族语言文字信息技术研究工作开始起步，字符编码研究率先开展。其中，蒙古文编码字符集最早发布国家标准（GB 8045-1987《信息处理交换用蒙古文七位和八位编码图形字符集》）。此后，又陆续研制和发布了朝鲜文、维吾尔文、藏文、彝文、傣文等几种民族语言文字的编码字符集，同时发布了相配套的点阵字型标准和键盘布局标准。

20世纪90年代以来，民族语言文字编码迈向国际化。其中，蒙古文、托忒蒙古文、锡伯文、满文、藏文、维吾尔文、哈萨克文、柯尔克孜文、朝鲜文、彝文和德宏傣文编码字符集被收入在ISO/IEC 10646区；西双版纳新傣文编码字符集被收入在ISO/IEC 10646:2003/Amendment 2:2006区；其他一些文字也相继开始研究并先后形成了编码字符集国际标准草案，如老傈僳文、滇东北简体苗文、西夏文和古突厥文。纳西东巴文和古彝文的编码字符集国际标准也在紧锣密鼓地研制之中。完成未编码的民族语言文字的编码体系，使之早日进入国际编码体系，以满足我国民族语言文字信息技术和产业快速发展的需要，这是当前和今后民族语言文字编码研究的重要任务。从民族语言文字研制编码过程和现有编码体系来看，其主要问题可以概括如下。

2.2.1 民族文字字符编码研究缺乏实力

我国部分民族语言文字的使用存在跨国跨境的情况，对一些民族文字字符的研究，彰显国家软实力。以藏文国际编码为例，在藏文信息化进程中，藏文字符申请相关标准在国际组织中屡失先机。（1）非首次提出藏文字符国际标准提案。我国是藏语文的使用大国，藏语的故乡，但最先提出藏文国际编码标准的却是英国标准局；我国政府与国际相关组织、相关国家多次交涉，最终确立了以我国方案为主导的藏文编码国际标准——《信息交换用藏文编码字符集（小字符集）》。随后，藏文国际标准也成为国家标准，并于1998年1月1日正式发布。（2）非率先解决藏文字符垂直叠加技术难题。我国提交的藏文方案成为国际标准后，却被闲置不用，国内研究人员另起炉灶，模仿汉字编码技术，形成了以字丁为造字基础的大字符集编码的研究路子，还得到了多个国家部门的支持。2007年1月美国微软公司推出了包含藏文标准字符编码和输入法的应用系统Windows Vista，采用OpenType字体和叠置引擎技术，基本解决了藏文上下叠置书写问题。微软系统在编码和键盘输入方面都遵照了我国提交的藏文国际编码和键盘布局国家标准。这项技术的实现使藏文在互联网上畅通无阻的传递，目前几乎所有的网络文本、藏文信息处理软件系统都采用了统一的国际标准,而放弃了大字符集编码方案。

2015年初,不丹政府代表率先向ICANN(Internet Corporation For Assigned Names And Numbers,互联网名称与数字地址分配机构)组织申请将藏文纳入国际化域名体系,希望藏文可以作为顶级域名使用,我国政府再次被动组织研究藏文域名规则,与ICANN组织协调并争取提交藏文域名申请主动权。

其他民族文字编码研制和国际标准申请也同样遇到类似问题。如2003年9月18日,英国专家Andrew C.West向ISO/IEC JTC1/SC2/WG2第44次会议提交了"八思巴文编码提案"。随后,中国和蒙古国的有关专家连续召开了关于八思巴文编码的三次联合会议,并几次向WG2提交了八思巴文编码提案和八思巴文用户协议。2005年9月14日,在吸收了中蒙专家的意见后,八思巴文编码方案被批准收入ISO/IEC 10646:2003/Amendment 2:2006区。美国加州大学伯克利分校的Richard Cook向ISO/IEC JTC1/SC2/WG2提交了西夏文编码字符集国际标准。随后中国提交了对Cook提案的反馈意见,认为该方案有待完善,并表示中国的西夏文专家会提出一套新的方案。(殷建民等2013:515—524)

2.2.2 一些民族语言文字字符编码方案存在较多的问题

一些民族语言文字字符国际编码遗留问题较多。如以我国方案为主形成的藏文编码国际标准,由于前期研究不够深入,在制定标准时没有严格遵照藏文是一种拼音文字、组合字符编码可以由单字符编码构成的事实,过分强调符号的文化属性,忽略了计算机使用的便利性特点,在提交的方案中既有单字符编码,也有组合字符编码。藏文国际编码标准Unicode7.0中收录211个藏文字符,其中有30多个字符可能产生同型异码字。藏文大丁字符国家标准扩充集A和扩充集B收录的藏文字丁7238个,其中也有上千个字丁的组合可能存在两种及以上的编码。(龙从军等2016:46—51)藏文字符已经在互联网上广泛使用,同样一个藏文字丁存在多种"身份证号码",必将造成一些混乱。同样蒙古文字符编码问题更多。在现行国际、国家字符编码标准体系下,藏文、蒙古文等在运用中出现的各种问题充分说明我国民族语言文字字符编码研究不深入,现有的编码体系不完善,民族语言文字信息化的基础研究工作还比较薄弱。

2.3 字符识别与输入

党的十七大报告指出:"运用现代科技手段开发利用民族文化丰厚资源,加强对各民族文化的挖掘和保护,重视文物和非物质文化遗产保护,做好文化典籍整理工作。"报告特别谈到利用现代科技手段对民族文化遗产的保护。我国各族人民在历史长河中使用自己民族的文字记载了丰富的文献典籍。在信息化条件下,将这些典籍电子化、信息化，并通过互联网传输，让更多的人了解、欣赏、研究和使用，这就是最好的保护方式之一。

　　民族语言文字信息化最基础的工作是信息的"输入"。输入，最常见的方式是人工用键盘输入。可面对浩如烟海的图书与典籍，要把这些优秀的少数民族文化成果逐字逐句地手工输入计算机，是一项十分艰巨的工程。通过光电扫描方式可以快速实现电子化。但扫描只是将文档图像输入计算机，只是输入的初级阶段。通过扫描仪输入计算机中的文档和图像，在计算机看来，还只是一张照片，还不能进行自由地编辑、全文检索、查询浏览。把图像转化为计算机可编辑、可检索、可查询的文字编码，让计算机"识字"，就成了最关键的问题。

　　本世纪初，汉文和英文文字识别技术已经成熟，但民族语言文字识别刚起步。民族文字类型各异，长短高宽不同，构字法、构词法不同，书写方向也不一致（从左向右，或从右向左，或从上向下），字符之间相互叠加粘连，相似字符多。这些特点与英文字母和汉字都不一样。从研究团队来看，也无法和研究主流语言文字的人员相媲美，这些都成为民族语言文字识别难以跨越的鸿沟。直到今天，民族语言文字识别技术还没有广泛推广使用。

　　民族文字输入法研究不断深入。研究民族语言文字的学者都明显感到一些民族文字输入不方便，如藏文输入法，根据国家键盘布局标准，一个主键盘，四个辅助键盘，操作便利性差。输入方法也停留在基于字符层面，缺乏以词为单位的联想输入。根本原因是语言文本处理的基础工作没有完全跟上，不利于开展词为单位的输入法研究。民族语言语音输入仅仅处于起步阶段，还没有太多的实用产品。制约语音输入的主要因素不是技术问题，而是基础研究薄弱，可供语音输入使用的资源有限。如在民族语言中没有大规模的语音数据库，尤其是口语语音数据库、自然场景对话语音数据库等基础资源。对于藏语来说，方言语音差距较大，每个方言大规模的语音资源库极为缺乏。这些是导致语音输入举步维艰的直接原因。汉语、英语等语音输入技术不断提高，汉语方言语音输入研究进展迅速。根据讯飞公司2017年发布的信息看，已经有22种方言语音输入产品，其中语音输入正确率大于90%的方言有粤语、四川话、东北话、河南话、天津话、山东话、贵州话、宁夏话等，语音输入正确率处于80%与90%之间的有云南话、陕西话、甘肃话、武汉话、河北话、合肥话、长沙话、上海话、太原话等。开展民族语言语音输入研究并取得阶段成果的有蒙古语、维吾尔语和藏语。我们希望在不久的将来，语音输入将改变民族语言调查的方式。

三 加强民族语言文字规范化、标准化和信息化研究

3.1 民族语言文字规范化、标准化和信息化研究具有重要的意义

1991年，国务院下发了《国务院批转国家民委关于进一步做好少数民族语言文字工作报告的通知》，《通知》中多次谈到民族语言规范化标准化问题。其中在总结民族语言研究成绩时，谈到"民族语文的规范化、标准化和信息处理有了可喜的进展"；在谈到新时期民族语文的主要任务时指出要"搞好民族语文的规范化、标准化和信息处理"；在谈到落实民族语文工作的方针和任务的主要措施时，指出要"促进文字的规范化和标准化，使之日臻完善"。在国家语言文字事业"十三五"发展规划的文件中，当谈到少数民族语言文字时，指出要"加快制定传统通用少数民族语言文字基础规范标准，推进术语规范化，做好少数民族语言文字规范化、标准化、信息化工作"。在国家"十三五"少数民族语言文字工作规划文件中，也十分强调民族语言文字的规范化、标准化和信息化建设，在发展目标中指出到2020年"少数民族语言文字规范标准基本满足社会需求，信息化水平进一步提高"。在介绍主要任务和重点项目时，指出要"配合推进少数民族语言文字规范化标准化信息化建设"。2018年的国家社科基金申请指南中，"民族语言规范标准的一般原则与方法研究"也成为关注点。

1997年召开的首届全国信息化工作会议上给信息化定义为：信息化是指培育、发展以智能化工具为代表的新的生产力并使之造福于社会的历史过程。语言文字信息化与信息化的关系十分密切。语言文字的信息化是信息的重要组成部分，是信息化的基础；语言文字信息化的水平决定着信息化的水平。"语言文字是人类最重要的交际工具和信息载体，是覆盖国家信息化各领域的基础性资源，其信息处理的技术和使用水平，已经成为衡量国家现代化水平的重要标志，是国家信息化战略的重要组成部分，承担着保护国家安全的重任。在信息时代的大背景下，语言文字信息化中的不安全因素就是国家安全的隐患。如何维护海量语言文字信息资源安全，保证其不受侵害、流失是我国面临的巨大任务"（靳光瑾2010：17—22；张清俐2014）。

3.2 规范化、标准化和信息化之间的关系

人们经常把规范化和标准化一起使用，也有人把两者混为一谈，其实规范化和标准化两个概念之间既有区别又有联系。首先两者适用的范围有差别，规范化主要应用于社会行为领域，而标准化通常适用于科技领域。其次两者推行的力度有差别，规范化不可

能十分精确，通常比较原则化（胡名扬1997：2），推广具有一定的过程，可以倡导、宣传来引导使用者自觉遵守。标准化具有精确性和强制性，说一不二，往往采取专业组织的规定或行政立法手段来强制推行。由此可见标准化是规范化的发展和升华，是对规范化成果的凝练和概括（戴红亮2007：12—22）。

规范化、标准化是信息化工作的重要组成部分，没有标准化的信息化工作是杂乱无章的。民族语言文字规范标准制定是实现民族语文信息化的基础性工作。在新中国成立初期，展开了轰轰烈烈的民族语言文字调查研究。学者们根据调研情况，为一些民族语言或者方言确立了标准音点；撰写了民族语言简志；为10个无文字的民族创制了14种新文字；针对一些民族文字体系不完善的问题，改进了8种文字。这些工作都是民族语言规范化标准化研究的基础工作。1965年，国家测绘局和中国文字改革委员会发布了《少数民族地名汉语拼音字母音译转写法》，这是我国少数民族语言文字第一个标准文本，为少数民族语言地名标准化工作提供了参考和依据，为民族语言信息化打下了基础。在信息化条件下，规范化、标准化的要求应该更高。拿文本分词来说，在藏文分词研究初期，主要采用了基于词表的分词方法，词表收词范围没有确定，分词结果差别较大；后来采用基于统计的方法，训练语料样本不一样，不同研究者的分词模型也存在差距，分词结果也不同。要避免这种问题，就需要研制藏文分词规范、制定藏文分词标准。不管是语言文字的厘定，还是藏文分词规范和标准的制定，都是藏文信息化工作的重要内容。

规范化、标准化工作是信息化的前提条件。文字进入计算机能正确地显示、打印、编辑和网络传输是最基本的语言文字信息化要求。字符显示、打印、编辑过程中，字符的高低长短，笔画的粗细曲折，键盘输入时的键盘字符对应等都需要一定的规范标准。在我国早期的民族语言文字信息化研究中，正是缺乏基本的规范标准，导致民族文字信息化产品兼容性较差，制约了民族文字信息化的进程。

信息化工作可以检验和促进规范化、标准化的成果。规范、标准成果好不好，能够从语言文字信息化产品中体现出来。以分词标准为例，在制定分词标准时，需要考虑语言文字信息处理的后续应用需要什么样的分词标准。语言中词的定义、词的边界具有模糊性特点，语言学上词的划分往往和语言信息处理中词的划分存在一定的差别，如果严格按照语言学中词的定义开发分词工具，在机器翻译研究中，译文质量不一定好。语言文字信息化倒逼规范标准研究。信息技术日新月异，对规范标准工作的需要不断变化，但是规范标准的制定却需要长期研究，规范标准研究成果无法满足信息化需求，这种现状在主流语言信息化研究中存在，在民族语言信息化研究中更为凸显。

3.3 民族语言文字规范化、标准化和信息化现状及问题

民族语言文字规范化、标准化层次较低、信息化水平不高。

首先,规范标准文件制定数量少。据国家语委科研基地北京语言大学中国语言文字规范标准中心整理,民族语言文字规范标准归纳为民族语言名词术语领域规范标准(国家标准1项、地方标准3项)、民族语言译写、转写规范标准(行业标准10项、地方标准2项)、民族语言辞书编撰规范标准(地方标准1项)、民族语言文字编码规范标准(国家标准15项、地方标准1项)、民族语言文字字型规范标准(国家标准43项、地方标准1项)、民族语言信息处理技术规范标准(国家标准21项、地方标准6项、绿皮书2项)。从现有的规范标准来看,可以归纳为语言文字系统规范化和标准化标准及信息化领域的规范标准两个大类,语言文字系统规范化和标准化的制定时间主要集中在20世纪末,当前民族语言文字系统的规范标准研究工作已经弱化,但是需要做的工作很多,其中网络语言规范化就是急需研究的内容。在网络文本中,不同语言文字之间的音译问题十分严重。以藏文为例,笔者选择中国西藏新闻网、康巴传媒网、中国藏族网通、青海藏语网络广播电视台、中国藏语广播网等5个网站进行考察,抓取了这5个网站2015年的所有材料,经过初步整理后获得20.39万篇文章,藏文音节字约1.01亿个,考察了其中有关大众人物的人名汉—藏译音情况。从选出的人名材料中,党和国家以及地方领导人的人名使用频率相对较高,音译形式也最混乱。例如:"习近平"统计到25种音译结果,其中音译为ཞི་ཅིན་པིང་的有15306次、ཞིས་ཅིན་པིང་14450次、ཞི་ཅིན་ཕིང་ 6080次、ཞི་ཅིན་ཕིང་ 1091次、ཞི་ཅིན་པིན་ 116次、ཞིས་ཅིན་ཕིན་ 104次,其他音译形式还有:ཞིས་ཅིན་ཕིང་(68次)、ཞི་ཅིན་པིང་(14次)、ཞིས་ཅིན་པིང་(11次)、ཞི་བི་ཅིན་པིང་(10次)、ཞི་ཅིན་ཕིན་(10次)、ཞིས་ཅིན་ཕིང་(6次)、ཞི་ཅིན་ཕིང་(3次)、ཞི་ཅིན་ཐིང་(2次)。出现1次的有:ཞིན་ཅིན་ཕིང་、ཞི་བི་ཅིན་ཕིང་、ཞི་ཅིན་པིང་、ཞིས་ཅིན་པིང་、ཞི་ཅིན་པིང་、ཞིས་ཅིན་ཕིང་、ཞིས་ཅིན་ཐིང་、ཞིན་ཅིན་ཕིང་、ཞི་ཅིན་ཕིང་、ཞི་ཅིན་ཕིང་、ཞི་ཅིན་ཕིང་。"李克强"统计到19种音译结果,其中音译为ལི་ཁེ་ཆང་的有8377次、ལི་ལི་ཁེ་ཆང་5021次、ལི་ཁེ་ཆང་919次、ལི་ཁེ་ཆང་194次、ལི་ལི་ཆང་143次,其他音译形式还有:ལི་ལི་ཁེ་ཆང་(38次)、ལི་ལི་ཁེ་ཆང་(19次)、ལི་ཁེ་ཆང་(15次)、ལི་ཁེ་ཆང་(10次)、ལི་ཁེ་ཆང་(5次)、ལི་ཁེ་ཆང་(3次)、ལི་ཁེ་ཞིང་ཆང་(3次)、ལི་ཁེ་ཆང་(2次)、ལིས་ཁེ་ཆང་(2次)、ལི་ཁེ་ཆང་(2次),出现1次的有:ལི་ལི་ཆང་、ལི་ཁེ་ཆང་、ལི་ཁེ་ཆང་。查看研究文献,不难发现,藏—汉音译一直是学者关注的热点,音译规范、原则得到深入阐释;相关部门也制定了音译的规范文件,国务院1986年1月23日发布《地名管理条例》中提到少数民族地名的汉字译写要做到规范化,译写规则由中国地名委员会制定。国家测绘局制定了三大方言区地名藏—汉译音行业标准;西藏藏语文工作委员会颁发的《藏族人名汉字音译转写规范手册》规定了藏族人名翻译成汉语的用字规范。由此可见,藏—汉音译有学者研究、有机构负责管理,音译

的混乱局面逐渐得到改善。相对而言，汉—藏音译从研究和管理方面来看都存在较多的问题。

其次，信息化领域的规范化、标准化研究不平衡。当前民族语言信息化所需要的规范标准主要集中在字符层面，在词、短语、句子、篇章等语言层面的规范标准十分缺乏。如涉及民族语言文字字符编码的国家标准16项、字型标准44项，信息处理技术规范标准29项也主要是键盘布局方面的规范标准，涉及语言的语音、词汇、语法、句子、篇章的规范标准非常少。从规范标准涉及的语言文字来看，主要集中在蒙藏维朝哈柯彝傣等，其他民族语言和文字规范标准少。

民族语言规范标准的现状说明民族语满足民族语言信息化需要的待研究课题非常多，语音、语言层面的研究任务尤为突出。民族语言文字信息化不光是有文字的语言信息化，没有文字或者是以拉丁字母为基础的文字系统的民族语言也急需开展规范标准研究，以满足日益需求的信息化要求。

四　民族语言文字研究应该多元化

4.1　民族语言文字资源来源多元化

4.1.1　民族语言语音材料获取多元化

过去民族语言资源来源单一。民族语言调查是语言学家采集民族语言资源的重要途径，一般来讲就是田野调查。在田野调查中，他们通过听音记音得到自己所需要的研究材料。田野调查非常重要，可以通过田野调查获得第一手资料。调查人在田野调查中，学习民族地区的语言文化，了解当地风俗习惯，与调查对象建立了良好的合作关系，这种研究方法也是民族语言研究一贯遵照的优良传统。但采用这种方式收集民族语言材料也有其自身的缺陷。调查周期长，研究人员往往需要花费少则几个月，多则几年，并反复多次的调查；获取的材料有限，民族语言研究通过多年的调查研究和积累，在词汇层级的资源十分丰富，但短语、句子、篇章层级的材料非常有限；调查材料分散，现有的不同民族语言调查材料分散在不同的研究人员手中，后期加工整理的规范、标准不同，难以统一使用。要让民族语言研究成果满足信息化的要求，还需要在"质"和"量"两个方面做更多的工作，尤其在"量"上加快研究进度。

先进的摄录设备为田野调查材料的收集提供了良好的条件，稍纵即逝的语音、细微的发音动作都可以得到永久保存，可供不同时间地域的研究者反复研究。

电话、手机、网络的使用，为田野调查方式的改变提供了前提条件。调查民族语言变得方便快捷。如可以通过通电话、视频语音聊天、远程桌面、微信语音留言、短信、实时电子邮件交流等方式与调查对象交流，获取需要的研究材料。如数据产品交易平台展示了维吾尔语手机语音数据资源，共包括2500名维吾尔人手机语音数据，1000小时有效时长，文字转写错误率小于5%，这种数据可以用于语音识别、人机智能交互等研究，数据标价100小时7.5万元人民币，500小时35万人民币。[①]也可以采用手机APP方式收集语音材料，如中国民族语文翻译中心开发的藏语语音收集APP，[②]在短时间内获得大量的藏语语音数据，为藏语语音输入的实现准备了充足的语音数据。

随着互联网技术的发展，电话录音越来越方便，公司、企业、相关的政府机构、商家等可以利用安装电话录音软件把通过手机、座机等拨打的电话进行录音。这些是非常珍贵的自然话语材料，可以供语言学家使用；同时材料收集难度小，数量大，可以为语音识别、语音合成、语音输入提供资源。电话录音材料涉及用户的隐私，材料本身不便于语言学研究，但是可以使用在语音识别、合成的模型中。

一些民族语言影视材料丰富。相声、电视、电影、宣传片、语言教学片等影视材料也可以作为民族语言资源的重要来源。相对于自然话语材料来说，这些材料经过了加工处理，人物对话也带有表演性质，但毫不影响用于语言信息化产品的开发和研究。如大型藏语情景喜剧《快乐生活》描写拉萨一个普通人家与他们的亲朋好友之间发生的有趣故事，地道的发音，真实的故事情节，是学习、研究藏语的好材料。

4.1.2 民族语言文本材料获取多元化

这里主要谈谈有文字的民族语言的文本材料获取。到目前为止，我国开通了蒙古、藏、维吾尔、朝鲜、哈萨克、彝、壮等民族文字网站。这些民族文字网页集新闻发布、政策宣传、资料信息、互动交流、功能服务为一体，为网民提供全面了解各民族地区经济社会发展情况和互动交流的便捷平台。民族文字实现了网络显示、传输之后，各种交互式工具的开发利用使民族文字网络资源不断增加。首先是网页资源的积累。不同的民族语言文字网页的数量也有差别，蒙藏维等文字网页资源比较丰富，其他民族文字的则相对少一些。但是各种文字的网页到底有多少，还没有相关的统计数据。这些网页材料"本身即是信息获取的来源，同时也真实地体现了各种语言现象，基于这些超大规模的语料库，可以进行统计分析，并从中抽取语言特征和规律"。（郭玉箐2016：27—35）网页材料是否可用，一些语言学家基本持否定态度，认为民族语文网络文本鱼龙混杂，一定比例的文本是翻译文本，用这样的材料研究语言，不便于揭示语言文字的真实面貌。

---

① http://www.datatang.com.
② http://www.mzywfy.org.cn/download.jsp.

这种认识无可厚非，但是如果把语言研究的范围扩大，针对面向信息处理的语言研究，这些材料就显得十分珍贵，对推动民族语言信息处理做出了巨大贡献。以藏文为例，当藏文网站没有开通之前，藏文文字识别软件不完善，大规模数据库建设十分困难，藏文分词、标注等语言文字处理的基础资源难以建立，藏汉机器翻译等研究进展缓慢。但是近几年，丰富的网络文本改变了这种局面，藏文语料规模不断增大，分词标注等基础工具基本满足一些后续自然语言处理的需求。藏汉机器翻译也得到快速发展。

如果说，网页文本材料是单方面的，对使用者来说是被动的，那么丰富的交互式网络资源改变了这一现象。如利用维基百科不但可以获取文本，还可以个人添加文本。博客、微博、社区论坛等交互平台中也留下了丰富的文本材料，这些材料具有较强的口语化特点，可以供语言学家研究之需。

4.2 民族语言文字研究领域多元化

4.2.1 民族语言研究范围具有时代特点

新中国成立后的50年代，我国组织了声势浩大的民族语言调查团队，对我国境内的民族语言的基本面貌进行摸底。在20世纪八九十年代，开展了中国少数民族语言使用情况的调查，主要了解我国民族语言的使用情况，了解新中国成立以后到20世纪80年代后期，民族语文政策和规划的执行情况以及少数民族语言使用的现状。20世纪末的民族语言调查涉及民族语言文字的规范化、标准化工作。（黄行2013：64—78）新时期的民族语言研究包括语言资源保护研究、有声数据库研究、民族语言规范化、标准化和信息化研究、民族语言自然语言处理研究。当前，民族语言研究范围呈现多元化特点，研究范围不但包括过去各个时期的研究课题，而且出现了许多新的研究课题，"一带一路"战略布局下的多民族语言之间的翻译研究，为了满足民族语言信息化而开展的规范化、标准化研究课题，民族语言更好地满足交际工具这个职能而不得不适应时代发展，进而开展的语言信息处理的研究。例如民族语言文字在互联网、移动通信设备上的输入、显示、传输等方面的研究；文献资源的数字化所需要的字符识别技术的研究；伴随大规模民族文字网络材料的出现而出现的文本搜索、文本摘要等领域的研究。

4.2.2 信息化条件下民族语言文字研究具有多元化特点

（1）基于传统田野调查方式的研究不断深入，在民族语言的语音、词汇、语法结构描写的基础上开展民族语言个别现象的解释研究、语言接触研究、类型学研究。

（2）基于音视频、文本一体化的多媒体数据库研究。如开展濒危民族语言保护研究，语言博物馆、语言典藏研究，这些研究成果的电子化，极大地促进了民族语言信息化的发展。

（3）基于互联网资源的民族语言基础研究。基于民族语言互联网资源，开展大规模的、综合性的语料库建设和研究。语料库建设不仅是基础研究，而且具有巨大的应用前景，语料库加工过程中的自动分词、自动标注等问题的解决有利于加快民族语言信息化步伐，提高民族语言智能化水平。

（4）基于语料库的语言现象研究。前文谈到，从网络上获得大量的以民族文字为载体的文本材料，这些材料数据量大，呈现出许多新的语言现象，如何认识和分析这些新现象是民族语言学研究者面临的重要任务。例如，研究流行于博客、微博、个人主页、微信等即时通信工具中的热门词汇。热门词汇通常称之为热词，指的是在网络上出现频率较高的词汇、短语和句子。热词在网络上传播速度快、范围广，往往与社会热点事件关系密切，能产生巨大的社会反响，在民族文字网络资源中的热词的特点如何、汉语网络中的热词如何翻译成民族语等也是民族语言研究的内容，同时在自然语言处理研究中有关网络舆情监测和分析、热点事件的跟踪也需要关注热词。

语料库中的新词新语研究。语言作为一种社会现象，必将随着人类社会的发展而发展，信息化时代加快了新词新语的产生和传播，每年都会有不同数量的新词新语产生，并得到人们的认可和广泛使用。新词新语收集整理、词典编撰、词语结构分析、新词新语的产生机制和理据、新词新语的翻译和规范等都值得研究。例如西藏自2002年起，着手藏文新词术语整理搜集和审定工作，截至2014年，共审定发布新词术语近9千条、科技术语6万条以及计算机界面词语12万条，出版发行了《汉藏对照新词术语词典》，词典出版5年后，又有几千个新词出现。新词的出现也给语言信息处理带来了巨大困难，比如新词的识别、切分和标注等问题是自然语言处理中无法回避的研究课题。

（5）民族语言应用研究。语音识别和输入与民族语言田野调查有非常紧密的关系，在字符输入一节中我们已经阐述过，如何开展资源稀缺的民族语言语音输入研究，进一步提高民族语言调查的智能化水平也是民族语言研究者需要关注的问题。对有文字的语言来说，随着网络化程度的提高，民族语言文字的信息化程度也需要加强，减小、延缓语言之间的数字化鸿沟。例如搜索引擎技术很大程度改变了人们获取信息的方式，为了使用户能够获得相对精确的搜索结果，大规模的语言知识库必不可少，高精度的搜索引擎所需的资源包括语言词典库、常识词典库、语义词典库、语义关系词典库、同义词词典库、概念关系词典库、语言知识图谱库等。从当前民族语言研究的现有成果来看，满足这些知识库条件的民族语言研究成果非常有限，无法满足更高级的民族语言信息化、智能化的需求。当然，民族语言文字由于信息化水平不高，搜索引擎技术发展相对缓慢，实际应用需求不高，但是并不等于以后不需要，如果现在不开展这些方面的研究和资源积累，必将成为今后民族语言搜索引擎技术发展的瓶颈，必将扩大民族语言与使用人口较多语言的信息化差距。

（6）开展民族语言网络语言学研究。网络语言学具有较强的时代特点，它是一门介于网络技术和语言科学之间的新型交叉学科，从研究的范围来看更偏重于语言科学，重点关注应用语言学和社会语言学的理论和方法，研究信息时代的语用问题。（曹学智2012）周海中教授率先阐述了网络语言的特点、类型、研究对象、研究方法、研究任务以及学科性质。网络语言学引起了国际学术界的关注。西班牙知名学者圣地亚哥·珀施特圭罗教授出版了世界上第一本关于网络语言学的专著——《网络语言学：网络中的语言、话语与思想》。英国知名学者戴维·克里斯特尔教授出版了世界上第一本关于网络语言学的教材——《网络语言学：学生指南》。网络语言学是否能够成为一门学科先不论说，但是网络语言现象值得研究不容置疑，我国民族语言文字网络资源越来越丰富，如何看待网络语言现象是时代赋予语言研究者的新任务。

五 加强民族语言文字技术研究

计算机技术的快速发展已经渗透到几乎所有的研究领域，计算机与语言学之间也结下了不解之缘。"这不但是因为它可以成为语言学研究的有力工具，提供一种应用语言学的新领域，而且更重要的是把理论计算机科学和理论语言学结合起来，可以产生出关于人类语言活动的计算模型，对认知心理学、思维科学都有极大的价值，并且很可能导致新型计算机的出现。"[①]马希文教授在20世纪80年代就对语言学与计算机之间的关系做出了精辟的论述，不仅仅谈到了计算机是语言学研究的一种工具，而且也看重在两者之间的相互关系中理论语言学研究对其他科学研究的价值。李葆嘉指出，计算语言学具有工具性、技术性和理论性。（李葆嘉2002：177—184）但是现在的一些学者仍然没有如此深刻的认识，而只是片面地认为计算机只是语言学研究的工具，轻视在语言研究中使用计算机。

5.1 在民族语言文字研究中利用好计算机作为工具的职能

语言调查、语言资源收集、整理离不开计算机以及辅助软件工具。"工欲善其事必先利其器"，大家都明白这个道理。现阶段，民族语言调查的各个环节都离不开计算机。在语音采集过程中，涌现出一批语言调查工具，如北语录音[②]、"斐风"田野调查及

[①] 《北大马希文教授讲计算语言学》，《外语教学与研究》1987年第1期，第75页。
[②] http://www.chinalanguages.org/gongjuyangben.html。

处理系统①、田野之声有声语料采集软件②等,这些计算机软件的使用使语言调查过程便捷、调查材料储存规范。在分析调查材料时也使用一些分析软件,如在听音记音时使用Praat语音分析处理软件,研究者可以通过观察语音的图谱辅助语音转写,更加准确地记录语音中依靠人耳难以辨别的细微差别。由于不同调查人的知识结构、调查经验、生理官能存在差异,听辨语音的能力也存在差别,不同研究者对同一发音人的语音记录存在差异的情况不可避免,通过观察、分析语图可以缩小记音差异。

在分析语言材料时,可以采用人机互动模式加快分析速度,提高分析精度。在民族语言研究中,文本材料隔行对照分析是学界的惯例,为了快捷、规范地实现这种功能,可以采用toolbox分析工具③,其工作的基本原理是采用了最大匹配分词技术,在词典和词条之间建立互动关系,采用人机互动的半自动方式分析文本。该工具也包含如词条排序提取、文本检索等功能,极大地提高了文本分析的速度。

5.2 民族语言文字研究需要统计模型

在民族语言学研究中,不同的研究任务可以采用不同的模型。例如语言学研究者经常需要对研究的语言进行语音标注,语音标注是构建语音参数库和语音语料库不可缺少的过程。通常方法是通过手工切分和录入,不但效率低,而且准确率难以保障。如果采用统计模型来处理,工作进程就会变得顺畅。例如隐马尔可夫模型工具包(Hidden Markov Model Toolkit,HTK)④就提供了这种功能,这个工具包是基于用户所提供的语料及相关资源训练生成隐马尔可夫模型(Hidden Markov Model,HMM),然后进行音段强制对齐和标注,最后针对每个声音文件转写生成相应的语音标注文件(TextGrid),可包括词语层、音节层和音素层等标注内容。在语料库加工时,有一些语言的语料需要分词,如汉藏语系的大部分语言;或者对词进行词干词缀切分,如阿尔泰语系大部分语言。处理该类问题时,通常可以采用n-gram语言模型和条件随机场(Conditional Random Field,CRF)机器学习模型来处理。

n-gram语言模型假设当前元素受其前n个元素的影响,在知道前n个元素的条件下,预测当前元素出现的概率。这里的"n个元素"就是当前元素的上下文信息。神经网络语言模型把上下文信息扩大,即假设每个元素受上下文所有元素的影响,它考虑的是全部的上下文信息,所以其功能要比n-gram强大。语言的音节结构、词、短语、句子都具有线

---

① http://www.eastling.org.
② https://baike.so.com/doc/3979502-4175505.html.
③ https://software.sil.org/toolbox.
④ http://htk.eng.cam.ac.uk.

性序列结构特点,各单位内部、单位之间元素的组合都遵循一定的规律,每一个元素都与它前后元素之间存在一定的关系,有了统计语言模型就可以量化各元素之间关系的紧密程度,有了概率值就可以用来预测未知元素出现的概率,与语言学者根据语境预测和推断上下文类似。以藏文分词来说,每一个音节与其相邻音节之间关系的紧密程度是不一样的,通过概率计算,相邻音节结合紧密度高的几个音节就可以作为一个分词单位。要实现这个目标可以利用多种机器学习模型,例如隐马尔科夫模型、最大熵模型、条件随机场模型,等等。语言研究中所有的涉及标注的问题都可以采用类似的方法来处理。

5.3 民族语言文字技术研究是传承保护民族语言的强大动力

语言的发展一直是在语言技术的推进下发展的(李宇明2018:5—11),一种民族语言的语言技术越发达,这种民族语言的生命力就越强。在信息化时代,只有那些规范化、标准化和信息化水平高的民族语言文字才能得到更好的使用和传播,才能真正适应日益发展变化的社会环境。我国民族语言的使用和发展一直受到国家法律的保护,受到各级政府、社会组织和个人的关心,但在信息化条件下,如果不加快民族语言处理技术的发展,不提高民族语言信息化的水平,民族语言使用和发展也将遇到更大、更多的障碍。当今时代,当我们还在谈民族语言的规范化、标准化和信息化时,语言智能时代也逐步到来,那时计算机不仅仅只是作为一种辅助工具帮助研究者研究语言,而且它也需要像人一样学习语言知识,"具有语言能力,掌握语言智慧,具备语言智能的机器也像人一样参与到社会生活的诸多方面,并对一些行业产生重大影响,甚至与人竞争劳动岗位"。在语言智能时代,民族语言技术水平的高低直接关系到民族语言是否满足社会发展,关系到民族语言保护与传承。

六 结语

在信息化条件下,民族语言的传承、发展面临着巨大的挑战,同时又获得发展的机遇。何种民族语言不适应信息化的发展,那么该种语言的使用领域和使用范围将被压缩;何种民族语言能快速适应信息化的要求,它将通过互联网向世界传播,在语言信息化和智能化的浪潮中占据一席之地。我国是一个多民族国家,各族人民的语言和文字是祖国灿烂的文化财富。要继承、发扬、保护好这笔财富就需要努力提高民族语言信息化水平,提高民族语言信息处理技术的能力,不断营造民族语言文字适用时代特点的环境。民族语言信息技术的水平决定了民族语言今后的发展状况,因此民族语言研究者要肩负时代赋予的研究任务,不但要深入研究民族语言的语言结构,还需要研究民族语言信息化的语言技术。

参考文献

曹学智:《网络技术催生新兴语言学科》,《中国社会科学报》2012 年 11 月 5 日 A07 版。

戴红亮:《我国少数民族语言文字规范化的进程和特点》,载《第五届全国语言文字应用学术研讨会论文集》,第五届全国语言文字应用学术研究会(沈阳),2007 年 10 月 12—15 日。

郭玉箐、徐俊、王海峰:《走向智能时代的语言信息化产业》,《语言战略研究》2016 年第 6 期。

胡明扬:《规范化和标准化》,《语文建设》1997 年第 4 期。

黄 行:《少数民族语言文字使用情况调查述要》,《民族翻译》2013 年第 3 期。

靳光瑾:《语言文字信息化与国家安全》,《云南师范大学学报》(哲学社会科学版)2010 年第 2 期。

李葆嘉:《论语言科学与语言技术的新思维》,《南京师范大学文学院学报》2002 年第 1 期。

李宇明:《信息化时代的中国语言问题》,《语言文字应用》2003 年 2 月第 1 期。

李宇明:《语言学是一个学科群》,《语言战略研究》2018 年第 1 期。

龙从军、刘汇丹、安波等:《藏文编码字符集标准应用中的问题及对策》,《信息技术与标准化》2016 (Z1)。

文 心:《字符背后的秘密——文字编码》,《电脑爱好者》2005 年第 4 期。

殷建民、张羽宏:《中国少数民族文字电子出版系统二十年》,载《民族语文国际学术研讨会论文集》,2013 年 5 月。

张清俐:《语言信息化研究构筑国家信息安全屏障》,《中国社会科学报》2014 年 6 月 18 日 A02 版。

张清俐:《开展语言信息化研究 维护国家信息安全》,《语言文字周报》2014 年 9 月 10 日 001 版。

Research on Spoken and Written Ethnic Minority Languages under Informatization Conditions

Long Congjun

Abstract: China has 55 ethnic minority groups and is rich in language resources, with more than 100 languages and over 20 writing systems. The studies in minority languages in China are characterized by historical stages, and the major research initiatives vary in accordance with different historical periods. Since the establishment of the People's Republic of China, the major research initiatives of different historical stages include clearing up the general and current linguistic situations, formulating norms and standards, conducting in-depth description of grammatical structures, and carrying out protection of endangered languages and language resources. Currently, language informatization and intelligentization occupy important positions and will play significant roles in the process of human society developing toward a highly informatization-and intelligentization-oriented stage. The informatization conditions pose new tasks for ethnic minority language research. Against this background, this paper provides a brief discussion on the status quo, the problems and tasks of ethnic minority language research.

Keywords: languages and writing systems; script coding; informatization

(通信地址:100081 北京 中国社会科学院民族学与人类学研究所)

藏语文使用现状调查及对策研究*

——以四川藏区两州为例

才旦本　德拥

提要： 本文采用访谈、问卷、文献搜集、数据搜集统计分析等方法，对四川省阿坝藏族羌族自治州和甘孜藏族自治州各级政府职能部门进行了调研，分析藏语康方言、安多方言和一些"地脚话"（当地叫"地脚话"，藏语叫 logs skad）及藏语文使用情况，厘清了四川省藏语文的使用现状和存在问题，并提出相应对策。

关键词： 阿坝州　甘孜州　藏语文

四川是一个多民族语言大省，少数民族语言文化是宝贵的人文财富。为认真贯彻落实党和国家的民族语言文字政策，保障我省世居少数民族语言文字的学习、使用、管理、研究和发展，更好传承和保护少数民族语言文字及其文化，促进民族地区和谐稳定发展，根据"四川世居少数民族语言文字使用现状调查"和"四川省藏区语言生态与和谐语言创建研究"课题的调研安排，调研小组于2016年5月4日至2016年5月14日，前往四川省阿坝州马尔康市、红原县，甘孜州康定市、德格县等地，实地调研了藏语康方言、安多方言和一些"地脚话"及藏语文使用情况，基本厘清了四川藏语文的使用现状、存在问题和需求。

一　四川藏族语言文字使用基本情况

1.1　基本情况

四川省藏族集中分布于甘孜藏族自治州（以下简称"甘孜州"）、阿坝藏族羌族自

---

* 本调研得到国家社科基金重点项目"四川省藏区语言生态与和谐语言生活创建研究"（编号：15AYY007）和"四川世居少数民族语言文字使用现状调查"课题的资助。

治州(以下简称"阿坝州")、凉山彝族自治州(以下简称"凉山州")木里藏族自治县(以下简称"木里县")。在凉山州西昌、盐源、喜德、冕宁、越西、甘洛和雅安市宝兴、石棉、汉源等县以及绵阳市平武、北川县有少量分散居住。藏族聚居区主要使用藏语康方言、安多方言和嘉戎语,其他散杂居地区藏族使用多种"历史遗留"的语言,又称作"地脚话"。(孙宏开1983:430)康方言主要分布于甘孜州德格、巴塘、乡城、稻城、得荣等15个县市,安多方言分布于阿坝州的阿坝、红原、若尔盖、壤塘、松潘县和九寨沟、金川、小金、马尔康、黑水等县部分地区及甘孜州牧区。根据孙宏开和黄布凡等学者的研究,认为川西藏区还有使用嘉戎、道孚、却域、扎坝、木雅、贵琼、尔苏、纳木义、史兴、白马等语言的"地脚话",上述语言属汉藏语系藏缅语族。(黄布凡1988:142)

四川藏区语言使用情况复杂,除上述语言之外,部分藏族还使用羌语、普米语和汉语。阿坝州黑水县藏族使用羌语北部方言,甘孜州九龙县、凉山州木里县、盐源县部分藏族使用普米语。雅安市汉源县、绵阳市北川县的藏族几乎完全转用汉语四川方言。全省藏族虽然使用多种语言或方言,但聚居区藏族通用藏文。

1.1.1 甘孜州藏族语言使用分布概况

甘孜州地处四川省西部,面积15.37万平方千米,辖18个县市,总人口112万人,主要有藏、汉、彝等民族,其中藏族903132人,占全州总人口的82.1%[1],分布于全州18个县市,其中康定、泸定、九龙、雅江、道孚、甘孜、新龙、德格、白玉、石渠、理塘、巴塘、乡城、稻城、得荣等县市约70万人使用康方言;色达、炉霍等县牧区约9万人使用安多方言;丹巴县巴底乡、半扇门乡等约1万人使用嘉戎语;新龙、雅江、理塘等县和康定市部分地区使用却域语;道孚县亚卓乡、扎拖乡、红顶乡、仲尼乡、下拖乡和雅江县瓦多乡、木绒乡地区使用扎坝语;康定市的朋布西乡、沙德乡、普沙绒乡、六巴乡和九龙县的唐古乡,雅江县部分地区使用木雅语;康定市鱼通区大渡河沿岸的两边,泸定县北部使用贵琼语;九龙县部分地区使用尔苏语和纳木义语。甘孜州各县市均以康方言作为主要交际工具,语言情况较为乐观,但会使用藏文的人口占全州藏族人口的20%,情况不容乐观。

1.1.2 阿坝州藏族语言使用分布概况

阿坝州位于四川省西北部、青藏高原东南缘,面积8.42万平方千米,辖13县市,全州2014年末户籍总人口为922481人,其中藏族531131人,占总人口的比例的57.3%。[2] 全州13个县市都有藏族聚居、散居或杂居。阿坝、若尔盖、红原、壤塘、松潘5县和九寨沟、金川、小金、马尔康、黑水等县部分牧区和半农半牧区约22万藏族使用安多方言,

---

[1] 《甘孜藏族自治州统计年鉴2015》,内部资料。
[2] 《阿坝藏族羌族自治州统计年鉴2015》,内部资料。

使用情况较为乐观。马尔康、金川、小金、理县的大部分地区，茂县、壤塘、黑水、汶川的部分地区大约10万人使用嘉戎语；金川、马尔康等部分地区使用道孚语；九寨沟县白马藏族聚居区近1万人使用白马语。这些小语种使用范围较窄，除了分别在家庭、村寨使用自己的语言外，根据交际需要与周围环境，当地居民兼通汉语，有的兼通彝语，有的兼通当地藏语方言。在外部环境和现代教育的影响下，更多的年轻人倾向于使用汉语，一些小语种在使用和传承过程中，濒临断层的危机。调研组在阿坝州马尔康市区，通过口头访问和问卷调查两种形式，调查嘉戎藏族个案68个（有效68份），其中30岁以下个案53个，占总问卷的63.23%；30—40岁个案11个，占1.59%；40岁以上个案4个，占0.58%。首选语言的选项，83.82%的人选择使用汉语，其中30岁以下的占73.53%；16.18%的人选择嘉戎语，其中30岁以下的占8.82%。

1.1.3 凉山州藏族语言使用分布概况

凉山州是全国最大的彝族聚居区，也是四川省民族类别最多、少数民族人口最多的地区，面积6.04万平方千米，全州总人口518万，其中藏族人口约6万人，主要分布于州境内的木里及西昌、盐源、喜德、冕宁、越西、甘洛等县市境内。其中木里县总人口12.9万人，藏族45056人，占总人口的32.82%，主要使用康方言。①凉山州藏族散杂区的藏族还使用一些"地脚话"，尔苏语主要分布于木里、甘洛、越西、冕宁等县；纳木义语分布于凉山州木里、西昌、冕宁、盐源等县；史兴语分布于凉山州木里县部分地区。

1.1.4 四川其他地区藏族语言使用分布概况

四川雅安市的藏族分布在石棉县先锋藏族乡、蟹螺藏族乡、新民藏族彝族乡、挖角彝族藏族乡、草科藏族乡以及汉源县小堡藏族彝族乡、宝兴县硗碛藏族乡等，约有2万人。绵阳市藏族主要分布在平武县木皮藏族乡、木座藏族乡、白马藏族乡、黄羊关藏族乡、虎牙藏族乡、泗耳藏族乡、阔达藏族乡、土城藏族乡以及北川县桃龙藏族乡等，约有1.7万人。②其中雅安市嘉戎语分布于宝兴县的部分地区；木雅语分布于石棉县；尔苏语分布于雅安市石棉、汉源等县；白马语分布于绵阳市平武县。

1.2 各级党委政府及有关部门重视双语的情况

1.2.1 健全机构，完善少数民族语言文字发展工作机制

历年来，省委省政府，州委州政府都高度重视少数民族语言文字工作，甘孜州成立了由分管副州长任组长的州少数民族语言文字工作委员会，在州民宗委设立了州少数

---

① 《中国2010年人口普查分民族人口资料》，民族出版社，2013年。

② 同①。

民族语言文字工作委员会办公室，同时加强了州藏学研究所（州编译局）的工作力量。甘孜州修改了原《甘孜藏族自治州藏族语言文字使用条例》，并于2015年4月1日正式颁布实施，"新条例"立足于甘孜州实际，认真总结了藏族语言文字工作中的成功经验和存在的问题，制定出针对性和操作性更强的补充条款，使藏族语言文字规范化、标准化水平得到大大提高。阿坝州人民政府先后出台了《关于加强学习使用藏语文工作的意见》《阿坝藏族羌族自治州藏文社会用字管理办法》等文件，就学习、使用、发展藏语言文字工作做出了明确要求，并联合州教育局、民政局、工商局、交通运输局、民宗局等相关单位成立少数民族语言文字工作委员会，在州民宗局下设办公室。

1.2.2 多形式的培训

甘孜州委组织部采取了灵活多样的方法：采取民干校集中培训，在乡镇采取每周2次集中学习和夜校补习，结对认亲学、进驻农家学、包村驻点学、"1+1、1+N、N+1"帮学等多种方式学习藏语，也结合实际创新学习培训方式；州、县根据需要适时开展藏语培训。对参加培训人员实行等级考试制，经考试合格，分别颁发《藏语初级证书》《藏语中级证书》《藏语高级证书》。各县成立专门考试机构，每年5月、10月各组织一次，由干部个人根据自身学习情况申报参加相应等级考试，考试以口语为主，试题在州统一设立的题库中抽取，结合各地方言组织实施。同时，九龙县藏汉彝三种语言的学习和使用，则由县上按具体情况实施。

阿坝州也大力开展干部双语培训。一是由州委组织部牵头，对全州初任公务员、事业单位新进人员都开展了藏语培训教育，近5年来共计对1万余名公务员和事业单位人员开展了不低于4学时的藏语普及教育。如：2013年在新录用选调生培训班安排了7天的藏语强化培训，2015年在新录用公务员、"9+3"录用人员培训中增加了藏语课程；2013年在西南民族大学举办了40天的优秀年轻双语干部能力提升班，加强干部双语培训；2015年举办了双语干部和高级翻译人才培训班，带动全州双语培训工作。二是各县以务实管用为标准，探索创新培训方式。特别是阿坝、若尔盖、红原、壤塘等县将集中培训与个人自学相结合，开办藏语培训班、"藏语夜校"，每周定时（2—3次）开展集中培训。各单位通过悬挂学习牌方式，深入开展"一天一句日常用语"学习活动。采用"结对助学"模式，"一带一"抓好业余学习，推动学习常态化。

1.2.3 运用新媒体，依托传统文化节日和康巴卫视、各州县电视台，把双语融入日常生活中

建立手机学藏语平台，将各级干部手机号码统一录入短信系统，通过语音手机报等，定时发送"每周学双语"音频短信。大力建设藏文网、藏文手机报、微信公众平台等藏文信息全媒体，扩大藏语言文字的使用范围。藏语言文字的学习也融入各种传统文

化和节日中，开展了形式多样的文化活动，如德格县在中小学开办格萨尔说唱百人班、藏文书法百人班、德格山歌百人班，招收有兴趣的适龄儿童，利用课余时间系统学习；同时通过建立《格萨尔说唱艺人库》原生态记录和德格印经院《大藏经》复刻等工程，在继承传统文化的同时，弘扬民族语言文字。马尔康市依托嘉戎锅庄节、嘎南藏戏剧目演出等形式，强化嘉戎语的学习和传承。

1.2.4 强化教学阵地建设

少数民族语言文字的学习主要依靠学校教育。截至2014年，甘孜州开展双语教学的中小学校460所，占中小学校总数的75.53%，双语教学的中小学生99163人（一类模式学生12150人，二类模式学生87013人），占全州在校学生总数的70.43%。阿坝州学前教育、初等教育、中等教育实施双语教育的学校有242所，占中小学总数的42.53%；双语在校学生41336人，其中幼儿园4683人，小学24015人，初中8295人，普通高中3238人，中等职业学校1105人。（张万平2015：1）

随着藏语言文字社会地位不断提高，特别是在招录公务员、学生升学等优惠政策出台后，应学生和家长的要求，各类学校相继开设了"藏单"①、"藏加"②等一、二类教学模式。四川民族学院、阿坝师范学院、西南民族大学等设置了藏语文专业，同时开设藏汉双语专业，如藏汉双语旅游专业、藏汉双语法律专业等。在校大学生也利用夜间、周末、假期为学生、群众免费补习藏语文，营造了社会学习民族语言文字的氛围。为推进民族语言文字工作，甘孜、阿坝两州相继出台了招录公务员考试和面试加试藏语的政策措施，乡镇公务员招录按一定比例笔试藏文。

1.2.5 针对各地语言差异，分类制作双语口语基础音像资料

甘孜州编写了《学说藏语2000句》《藏语文基础教程》，甘孜州藏研所编写出版了藏汉双语农村读物丛书《草原畜牧业知识》《食品药监安全宣传手册》等，共计印刷16万本发放到农牧民手中。阿坝州编写了《安多方言情景对话》乡土教材及配套学习光碟，编写了56本《幼儿中小学藏文读物》，以及《我的草原我的家》《夏嘉莫擦瓦绒小洛让的故事》等乡土教材。各县结合实际组织编写具有本地特色的培训教材，如阿坝县编写了《安多藏语汇编500句》，马尔康、金川等县编写《嘉戎藏语简易教材》，九寨沟县编写了《九寨沟地区藏语口语培训讲义》，黑水县编写了《黑水话学习手册》，石渠县编写了《牧区常用藏语读本》，乡城县编写了《藏语本土教材》等。③同时在西南民族大

---

① 藏单，也称一类模式，是以汉语文作为主课开设，其余各门学科均用藏语文的教学和考试模式。
② 藏加，也称二类模式，是以国家教育大纲课程为主，加试藏语文的教学和考试模式。
③ 以上列举读物均为各地区内部学习资料，均未公开出版。

学、四川民族学院、阿坝师范学院、省藏文学校举办民族语言师资培训班，集中培训一批骨干教师和专业编译人才，并从学校教师、各级党政干部、业务骨干、专业技术人才、基层一线工作者中确定培训师资，参与授课。

1.2.6 在"入口"处提高藏语文准入门槛

加强在职乡镇干部的双语培训工作，同时把双语能力关口前移，对边远艰苦乡镇和基层紧缺的双语人才予以特殊招考政策支持，采取降低招考学历要求、放宽招考专业限制、调整报考年龄条件、限定报考人员户籍和放宽开考人数比例，加试民族语文等措施，以州为单位面向社会组织招考，适当降低基层公务员进入门槛。甘孜州委组织部、甘孜州人力资源和社会保障局、甘孜州公务员局在考录公务员时，考试总成绩按满分100分计算，其中笔试成绩占总成绩的70%，面试成绩占总成绩的30%。笔试科目分不加试藏语文和加试藏语文2种。不加试藏语文的，《行政职业能力测验》和《申论》各占总成绩的35%；加试藏语文的，《行政职业能力测验》和《申论》各占总成绩的25%，藏语文占总成绩的20%。少数民族考生在笔试成绩折合后加1分。阿坝州在近五年公务员招录中，招录双语干部317名。主要通过设置藏汉双语职位的方式提高本州籍考生的竞争力，以满足各用人单位的实际需要，测试办法一是加试藏语文，藏语文占总成绩的25%；二是加试口语测试，须到指定地点参加藏语口语测试，经口语测试合格，方可登录网站进行网上报名。

1.2.7 强化对策措施，提升藏语言文字的实际使用率

两州广播电视、政务服务、通信、旅游以及医疗卫生等窗口服务行业把学习使用国家通用语言文字和少数民族语言文字作为工作必备技能，努力提高藏语言文字在实际工作中的使用率。两州各级广播电视在使用规范普通话播出的同时，加大藏语专题栏目的建设，甘孜州电视台以及炉霍、色达、道孚、甘孜、德格、巴塘等县广播电视台实现了藏汉双语混播，阿坝州电视台以及阿坝、若尔盖、红原、壤塘、松潘等县广播电视台实现了藏汉双语混播。两州各级人民代表大会制定发布单行条例、文件、布告等公文和发至基层农牧区的各类文件、学习宣传材料均使用藏文为主的藏汉两种文字。值得一提的是，德格县在县两会期间，率先配备现场口译人员，赢得了一致好评。两州的州级人民医院在医护人员中开展学藏语活动，所有科室甚至电梯间都设置藏汉双语指示，并积极培养懂双语的导医，各科室均能为病人提供不同藏语的方言的翻译。

同时，州县各级相关部门进一步加大藏文社会用字的监督管理，对自治州辖区内的国家机关印章、文头、牌匾、店招、地名、车辆门徽等社会用字领域，要求使用规范的国家通用语言文字和少数民族语言文字，对违反通用语言文字和少数民族语言文字政策法规的行为予以纠正。通过强化以上政策措施，有效提升了藏语言文字在实际工作生活中的使用率。

二 存在的主要问题

2.1 对少数民族语言文字工作的重要性认识不足

目前，虽然少数民族语言文字工作得到各级党委、政府的重视，得到社会各界的关心和支持，但不可否认的是，一些地方和部门对少数民族语言文字工作在地方经济和社会发展中的地位作用认识不足，重视不够，这直接影响了少数民族语言文字在民族地区经济文化建设中重要作用的发挥。

2.2 藏语言文字的工作机构和监管机制不健全

三州及各县藏语言文字管理工作机构均挂靠在民宗局，没有编制、没有专门的工作人员，大多数县都是从各行各业中临时抽调藏汉双语文兼通人才组成集中整治小组，对各辖区内藏语文的使用情况进行检查、整改，缺乏长期性和连续性。部分县虽然成立了临时的藏语言文字编译室或规范藏文社会用字办公室，但工作责任主体不明确，各部门之间缺乏联动合力，导致工作时紧时松，没有形成规范化、制度化、日常化的管理，致使藏语言文字工作虽然有法律依据，群众有要求，但由于没有专门的机构和专职工作人员具体抓落实、抓管理，各项工作仍处在徘徊阶段，造成管理机制缺失、监督机制缺位，整改措施不能坚持，为藏语言文字的规范使用工作带来一定的难度。如阿坝州编译局，处于上无领导部门，下无执行部门的尴尬位置，特别是甘孜州藏研所在新颁布的《甘孜藏族自治州藏族语言文字使用条例》中，被赋予了各项权利和职责，但在实际工作中却难真正落实。

2.3 藏语言文字的使用频率不高，使用不规范

在实际工作中，各州县党委、政府机关行政单位，在大型活动时悬挂藏汉双文的横幅、宣传标语的频率不高；省、州属企事业单位更难做到藏汉双文挂牌，如中国移动、中国电信等企业以行业标准抵触少数民族语言文字政策法规，没有在企业名称中使用藏语言文字；各地在藏文翻译中出现错译、错字、别字的问题较为突出，户外广告中藏文错认、错打，藏汉两种文字比例不协调等问题较为普遍；少数县在科普、普法宣传中，藏文宣传资料仅限于下乡使用；很多农牧民群众在考取机动车驾驶证、道路运输证等，无法根据自身不会汉语文的情况，选择藏语言文字进行理论考试。

2.4 新词术语标准化建设滞后，影响了翻译质量

民族地区受历史、地理等诸多因素影响，社会发展水平较低，特别是与内地或经济发达地区相比，经济、教育、卫生、公共基础设施等方面还存在较大差距。不会汉语的人口比重大，面对广大农牧民群众，宣传、贯彻、执行党和国家的路线方针政策及法律法规，还离不开藏语文。因此，在实际工作中，大量工作需要依靠翻译来开展。随着时代的发展，如"互联网""扶贫攻坚""两学一做"等大量的新词术语和网络语言进入各族群众的生产生活中，但由于藏学领域对新词术语的标准化建设没有跟上时代步伐，导致这些新词术语的翻译工作滞后，群众在生产生活中大量使用汉语借词，或者是一个词出现多个翻译版本，造成了一定的沟通障碍。例如，近期开展的"两学一做"活动，仅甘孜州就出现了4种以上不同的翻译版本。

2.5 四川藏语方言众多，干部学习藏语未能因地制宜

四川藏族使用的语言具有多样性，语言分布复杂。如在甘孜州道孚一县境内就存在安多、康巴、道孚、扎坝、却域等五种语言，群众戏称为"五彩道孚"。在干部培训中，阿坝州仅以安多方言、嘉戎语为主，甘孜州仅采用康巴方言一种语言教学，干部即使掌握了教学语，在实际工作中仍然存在不适应带来的沟通障碍。

2.6 基层双语干部紧缺，下发文件等翻译力度不够

四川藏区绝大多数的农牧民在日常生产生活交往中，普遍使用藏语或次方言进行交流、沟通，藏文使用率不高，尤其是州、县等各级部门下发的文件翻译力度不够，且翻译质量不高，导致农牧民不能及时掌握有关文件精神和国家惠民政策；服务型窗口懂藏汉双语的工作人员紧缺，部分干部虽懂藏语，但仅限于基本的生活用语，在宣传国家方针政策或是遇到专业术语、新词术语时，无法准确地表达其实质、内涵，存在翻译"大打折扣"的问题；大多工作在基层的汉族干部由于不懂或不会藏语文，在面对基层农牧民时存在交流难、沟通难的问题。

2.7 藏语文的求学需求与施教矛盾突出

近年来，四川农牧区群众送子女入学，接受双语教育的愿望增强，而四川藏区双语教师紧缺，甘孜州全州一类模式中学教师只有132人，阿坝州双语教师尚缺1131人，教师紧缺率高达50%以上。教师学科结构性矛盾突出，紧缺政、史、地、生、理、化、生双语专业教师。由于缺乏专业师资队伍，导致出现以下几个方面的问题突出：一是双语教

师学科不配套，四川藏区一类模式教师学科专业结构不合理，所学专业与任教学科错配问题突出。藏语文教师改任政、史、地等学科教学，或是文科教师改任理科教学的现象多，存在学历合格而专业不对口的问题。二是双语教师引进难、留不住。省内由于双语师资培养专业单一，导致一类模式教师队伍长期存在学科结构性矛盾，因此长期聘请和招聘外省籍教师，但由于聘请和招聘的多为青海籍，难以适应州内工作和生活环境，教师流失严重，多调离、辞职或是考研。三是拔高使用，选调小学教师到初中任教，初中教师到高中任教。

三 对策建议

3.1 统一思想，深化认识，民族语言文字工作是巩固党在民族地区执政地位的重要内容

要深刻认识藏语言文字的使用是各级党委、政府执政为民的需要，是维护藏区社会稳定的需要，是促进藏区经济发展的需要，也是关注藏区民生、顺应民意的需要。必须把加强藏语言文字工作摆在重要议事日程，从巩固和发展平等、团结、互助、和谐的民族关系，加快藏区经济和社会事业发展的高度，充分认识藏区学习掌握使用好藏语言文字是党和政府密切联系群众的基础，也是促进藏区跨越式发展和长治久安的基本要求。目前，两州基层藏语交流障碍较为突出，因此，建议从国家层面进一步加大鼓励藏区的学生、教师和干部，学习使用藏语言文字，出台更为具体、操作性更强的奖励办法措施，从而积极推进藏语言文字工作不断向前发展。

3.2 建章立制，强化管理，确保藏语言文字工作推进有力

积极探索藏语文使用和管理的长效机制。规范使用藏语言文字工作是一项长期性的工作，不能仅靠出台几个文件，几次集中整治就能彻底改变，需要常态化、长期性地抓，这就需要有专门的责任主体来承担，相关单位来协调配合，全社会来共同参与。规范制度建设是保障，依法行政是措施。建议强化组织领导，健全体制机制，藏区的党政主要领导作为开展此项工作的第一责任人，亲自抓部署、抓指导、抓落实，积极协调各方力量参与到藏语言文字工作的发展中来，切实加强藏汉双语文人才的激励保障机制，建立藏语言文字培训机制、协调机制和督促检查机制。建议在州、县民宗（委）局内部增设专门的藏汉双语文编译督查科，负责本辖区内的藏语文翻译、管理、督查工作。同时，扩大藏语文的使用范围，对县以下的行文，在藏民族聚集的地区要以藏汉两种文

字下发各乡镇；在配备乡镇基层班子时，要求搭配懂藏汉双语的干部；州级机关综合部门应配备1--2名懂藏汉两种语言文字的干部。

3.3 优化政策，区别对待，着力解决基层双语干部紧缺的问题

目前，四川藏区正处在加快实施新一轮西部大开发的关键时期，需要高层次、复合性的双语人才，更需要基层乡镇双语人才。建议：一是国家从民族地区的发展实际考量，适当合理提高民族地区考录基层公务员考试藏语文的分值比例，特别是乡镇公务员考录中将藏汉语分值比例提高到各占50%。二是进一步加大有关培训经费保障力度。扩大培训规模，提高培训期次，延长受训时间，力争培训一批就能用上一批。三是落实对熟练使用当地通用的两种语言文字干部的奖励政策，鼓励汉族干部学习少数民族语文、少数民族干部学习国家通用语言文字。

3.4 立足实际，优化教学，切实抓好基础教育领域的双语教育

藏语言文字的规范使用最终落脚点是教学。因此，必须持续巩固和发展双语教育，不断探索发展民族语言文字工作措施。建议：一是上级党委、政府进一步简政放权，各自治州立足实际，依托《中华人民共和国民族区域自治法》和《甘孜藏族自治州藏族语言文字使用条例》，积极推进双语教学工作落地落实。二是国家将"藏单班"和"藏加班"纳入国家教学大纲，教育行政部门科学合理制定藏区双语教学的短期、中期、长期规划，全力推进藏区双语教学。三是着力加强藏语教师队伍建设，培养"留得住、用得上"的本地双语人才，最大限度地减少双语教师人才流失。

3.5 加大藏语新词术语标准化建设

藏语新词术语标准化滞后，导致翻译不统一、乱译错译的现象在藏区都特别突出，因此建议国家组织相关部门和专家学者深入藏区开展调查研究，及时制定新词术语翻译标准，统一规范新词术语，更好地服务各族群众。

3.6 加大藏语言文字全媒体建设，加快双语信息化发展步伐

随着藏区农牧民生活水平的不断提高，藏语广播电视、藏文报刊、网站、手机报、微信公众平台等成为现代农牧民了解惠民政策、法制法规及科普知识的最佳捷径媒介。因此建议加快藏语文全媒体建设，切实提高藏语言文字在社会生活的使用率。

综上所述，语言文字是人类文明代代相传的载体，是打开沟通理解之门的钥匙，是促进文明交流互鉴的纽带。少数民族语言文字是各民族智慧的结晶，是中华民族的

重要文化财富，是不可再生的非物质文化遗产。在新时代现代化建设进程中，科学保护各民族语言文字是一件大事，关系民族发展、国家繁荣和社会稳定。各少数民族对自己的语言文字有着深厚的感情，对语言文字的尊重，是对其民族的尊重。历史经验告诉我们，语言文字受到保护和尊重，是民族团结、社会和谐的保证，因此，希望得到全社会的保护和尊重。

参考文献

阿坝州语委：《阿坝藏族羌族自治州藏文社会用字管理办法》，2007 年。
甘孜州民宗委：《甘孜藏族自治州藏族语言文字使用条例》，2015 年。
黄布凡：《川西藏区的语言关系》，《中国藏学》1988 年第 3 期。
孙宏开：《川西民族走廊地区的语言》，载《西南民族研究》，四川民族出版社，1983 年。
张万平：《阿坝州双语教育调查报告》，"民族地区'双语'教育体系研讨"课题组，2015 年。

Survey on the Current Situation of Use of the Spoken and Written Tibetan Language and Countermeasures: Cases of the Two Autonomous Prefectures in Sichuan Province

Caidanben & Deyong

Abstract: This paper conducts a research on the functional government departments at all levels in the Aba (Ngawa) Tibetan and Qiang Autonomous Prefecture and the Ganzi Tibetan Prefecture mainly by means of interviews, questionnaires, text collection, and data collection and statistics analysis. It analyzes the situation of use of spoken Tibetan, including Khams and Amdo dialects of Tibetan as well as some local varieties of Tibetan (logs skad), and the Tibetan writing system. It clears up status quo of the existing problems in the use of spoken and written Tibetan and in Sichuan Province, and provides countermeasures for relevant issues.

Keywords: Aba (Ngawa) Tibetan and Qiang Autonomous Prefecture; Ganzi Tibetan Prefecture; spoken and written Tibetan language

（通信地址：610036 成都 四川省民族研究所）

三亚迈话族群的语言使用状况*

江荻　欧阳觉亚　邹嘉彦　钱志安

提要：文章对海南省三亚市凤凰镇羊栏村迈话群体及其方言使用状况做了简介，讨论了迈话地理分布、迈人族群的语言态度、迈话使用现状。文章尤以迈人族群词汇创新更替和代际间的差异描述了社会发展引致的语言变化，以及词汇变化反映的社会发展现状。

关键词：三亚市　迈话　语言状况　词汇变化

一　迈话的社会背景情况

海南省三亚市的汉语方言分布具有典型的方言岛状态。往内陆纵深基本都是黎族分布地区，而在沿海地带则主要是说不同方言的汉族。三亚市的西面是海南闽方言保港话，沿着海边分别有梅山话、崖城话、天涯话，东面是海南闽方言林旺话、藤桥话，市区则是海南闽方言三亚话。

除了作为通用方言的海南闽方言，三亚市的其他汉语方言大多属于特定的汉族族群方言。其中迈人族群说迈话，分布在市区附近凤凰镇的羊栏村、妙林村、林家村，人口约5000—6000人。另外一部分居住在崖城镇的拱北、城东区和水南乡的几个村，人口约8000人。军话族群分布在崖城镇的城区、日升村、遵导村和西关村等几个村子，人口近万人。疍家话族群分布在三亚城区的榆港、南海以及藤桥渔村，人口约2500人。儋州话族群分布在三亚市区的儋州村以及凤凰镇的海波村，人口约3000人，其中相当部分是近年来从儋州等地迁入的群体。

尽管海南闽方言是三亚市乃至整个海南省汉语的主流方言或强势方言，但是，其他方言族群受海南话的影响并不是特别显著，主要原因是三亚操闽方言的居民人口相对

---

* 基金项目：国家社科基金重大课题"基于大型词汇语音数据库的汉藏历史比较语言学研究"（12&ZD174）；国家自然科学基金课题"从世界语言透视东亚人群和语言的起源与演化"（31271337）。本文初稿曾得到香港城市大学邹嘉彦教授主持项目资助（CTU1003/05H及7001720），并提交第十一届国际粤方言研讨会（2007.1.10，广西大学）。2017年欧阳教授与笔者商议重启迈话研究，修订发表本文，并在中国民族语言学会民族语文应用专业委员会首届学术研讨会宣读（2017.12.8—11，北京）。本文为作者集体调查，江荻执笔并修订。

较少，居住比较分散，人口比例不算很多，它对其他汉语方言的影响远不如海南东部地区那样大，以至三亚（原崖县）内的其他汉语方言仍有较大的活动空间，没有被海南闽方言所取代。

20世纪50年代以来，随着地方行政管理的发展，一批批具有海南闽语背景的管理干部偕同家属进入三亚，形成以海南闽语为核心的地方行政语言。另一方面，海南首府海口市以及经济、文化在全岛居于发达地位的文昌等地都以海南闽语为母语，逐渐形成全岛的权威性方言地位。政府各级行政会议、商务活动、教育教学、广播电台都采用海南闽语。在这样的形势下，三亚的各级政府机构以及社群和周边其他族群都向权威方言靠拢，采用权威方言交际，最终导致海南闽语在整个三亚市成为地方各族群的共同语。

但是，三亚地区的其他汉语方言族群因为悠久的历史等原因，分别形成较为牢固的族群文化意识和族群语言意识。如疍家人族群迁移至三亚已有200多年历史，迈人族群约有500—600年的历史，他们在长期的生存中意识到保存自身文化的重要性，因此具有强烈的保存语言文化的传统。

20世纪50年代以来，随着国家语言文字政策的推广，普通话在三亚市的政府工作、学校教育、电视文化传播各方面日益发挥强势作用，并深刻地影响到了一般居民的社会生活。自60年代以后，大陆各地来三亚育种水稻的人员不断，而从大陆部分省份移民或来三亚经商的普通话群体也不少，这对整个三亚市的语言发展产生一定影响，并对海南闽方言的地方权威地位构成挑战。

本文意图用几个典型语言使用案例来讨论迈话族群的方言在三亚社会转型发展时期的状况，以及受权威方言影响所产生的变化。

二　迈话族群的语言使用能力

羊栏村是三亚市凤凰镇三个迈话族群中人口最多的一个村。该村有三个大姓：黎姓、林姓和王姓。从这三姓族群的家谱来看，都自称祖上来自福建，如黎姓来自福建兴化府莆田县二十七都坎头村。大约在宋太祖建隆元年（960），黎姓祖先来到琼州东部地区，并在此繁衍生息。令人称奇的是，迈人族群来海南数百年后，部分人迁移至崖州，各不同族姓汇聚在一起生活，顽强地保留了（当然也发展）了迈人自己的语言，形成认同感很强的迈话族群。而留居在东部地区各县的迈话族群，则逐渐被人口占多数的闽语人所同化。

如果说几十年前在社会文化、经济发展相对缓慢的状况中，三亚迈人族群能在聚居、人口数量较多的有利条件下保持自己的语言,那么,随着社会节奏加快,物质文化条件改善、交通日益发达,以及地区共同语和全民共同语逐渐普及情况下,迈人能否保留自己的语言呢?为了了解这方面的实际情况,我们对迈人族群的语言使用状况做了针对性的调查,调查内容包括语言态度以及多语能力。

考虑到迈人族群居住地周边其他语言或方言的影响,我们设计的调查表包括了军话、儋州话、粤方言、黎语、回辉语,以及社会普遍使用的海南闽方言和普通话。调查指标分三个层次:(1)"懂"指能说能听;(2)"半懂"指能简单对话,说出基本数词、人体部位名称或者常用动作词语;(3)"不懂"指不能说也听不懂。以下是几个案例。

表1 三亚迈话族群语言能力抽样调查表

姓名	性别	年龄	文化	职业	迈	闽	普	军	儋	粤	黎	回	备注
符气刚	男	70	初中	会计	1	1	1	3	2	3	1	3	曾在黎村工作
章赞锦	男	67	中专	教工	1	1	1	3	1	3	3	3	妻为儋州人
林国伟	男	50	初中	农民	1	1	1	3	3	3	3	3	
王文学	男	48	初中	农民	1	1	1	2	2	1	3	3	妻是广西荔浦人
廖家琼	男	32	初中	农民	1	1	1	2	3	2	2	3	
黎赞晶	女	35	初中	农民	1	1	1	3	3	3	3	3	
黎祖亮	男	29	高中	农民	1	1	1	3	3	2	3	3	在广东当兵3年
黎祖瑶	女	15	初中	学生	1	1	1	3	3	3	3	3	

调查样本63份,各个年龄阶段均有分布。大致上15—30岁13人,31—60岁23人,61岁以上27人。但考虑到中国社会在20世纪80年代逐步进入开放型社会状态,45岁以下年龄段的人员受到现代社会影响较大,45—70岁人员的语言稳定性较大,71岁以上人员外出接触社会较少。我们调整了统计数据的分段状态,把15—45岁看成一个年龄段,46—70岁看作中间层年龄段,71岁以上作为老年年龄段。具体数据参见表2。

表2-1 三亚迈话族群语言能力分年龄统计表

年龄段	人数	普通话 懂/半/不	%	%	%	海南闽语 懂/半/不	%	%	%
15—45	24	24 / 0 / 0	100	0.0		24 / 0 / 0	100	0.0	0.0
46—70	24	24 / 0 / 0	100	0.0		24 / 0 / 0	100	0.0	0.0
71—83	15	11 / 1 / 3	73.3	6.7	20.0	15 / 0 / 0	100	0.0	0.0
总 数	63		93.7	1.6	4.8		100	0.0	0.0

从统计数据来看，迈人除懂迈话、海南闽方言外，基本都懂普通话，比率高达93.7%。完全不懂普通话的都是70岁以上的女性村民。由于抽样的原因，61—70岁年龄段没有女性资料，71岁以上女性只有5人，因此这个年龄段女性不懂普通话比率高达60%。而从我们实地了解的情况来看，实际数据可能还要高，包括61—70岁的女性村民。另外，数据显示，当地海南话（闽方言）在当地通行度要高于普通话，因为所有年龄段男性和女性都能听、说海南话。

表2-2 三亚迈话族群语言能力分年龄统计表

年龄段	军话 懂/半/不	%	%	%	儋州话 懂/半/不	%	%	%	粤语 懂/半/不	%	%	%
15—45	0/2/22	0.0	8.3	91.7	0/0/24	0.0	0.0	100	0/2/22	0.0	8.3	91.7
46—70	2/7/15	8.3	29.2	62.5	3/4/17	12.5	16.7	70.8	5/0/19	20.8	0.0	79.2
71—83	2/4/9	13.3	26.7	60.0	2/1/12	13.3	6.7	80.0	2/2/11	13.3	13.3	73.3
总数		6.4	20.6	73.0		7.9	7.9	84.1		11.1	6.4	82.5

军话分布在距羊栏村约几十公里的崖城，但由于崖城迈人族群大多都懂军话，且两地迈人相互通婚，有各种文化经济上的联系，因此也列为审检范围。不过，数据显示，懂或半懂军话的羊栏村迈人实际很少，仅为25%左右。从年龄层看，懂军话的迈人集中在45岁以上两个年龄段，年龄越高，概率越大。我们的调查发音人现年58岁，他的妻子就是崖城军话人。而45岁以下的人几乎完全不懂军话，也说明这两个族群之间的联系现代已经减少了。

三亚儋州话集中在羊栏村相邻的海波村（市内的儋州村人已基本转用海南话），两村有一定来往。然而，懂得儋州话的迈人实际很少，只占调查数据的16%，其中45岁以下的完全不懂儋州话。这个现象正好验证了中国古话所说"老死不相往来"的农耕民族习俗。不过我们还有更深一层的看法，即族群认同感在海南这个方言岛地区具有很强的惯性，这也是"老死不相往来"的社会根源，尽管现代社会的发展正在逐渐消除这种观念。

20世纪40年代末，广东省省会曾迁至海口，粤方言曾一度在海口乃至三亚地区有一定势力。到50年代初三亚街上仍然可以使用粤方言。不过，这倒不是说迈话族群与粤方言族群有什么密切来往，因为现在三亚地区的疍家人（语言与粤方言接近的渔民）与迈人就没有任何来往，相互也不通婚。这里附近的人，如回族人、迈话人过去有的还初通粤语。所谓初通粤语的主要原因是社会经历，如外出念书、在三亚街或粤语地区做生意、当兵，或者工作需要与说粤语的人接触等原因。

表 2-3　三亚迈话族群语言能力分年龄统计表

年龄段	人数	黎语				回辉语			
		懂/半/不	%	%	%	懂/半/不	%	%	%
15—45	24	0/1/23	0.0	4.2	95.8	0/0/24	0.0	0.0	100
46—70	24	2/1/21	8.3	4.2	87.5	2/0/22	8.3	0.0	91.7
71—83	15	1/1/13	6.7	6.7	86.7	5/0/10	33.3	0.0	66.7
总　数	63		4.8	4.8	90.5		11.1	0.0	88.9

　　迈人中有一些人曾经因为工作原因在黎族地区待过相当时间，如教师、会计等，因此在45岁以上年龄层，有少量迈人懂或半懂黎语，这也是社会原因造成的。至于迈人懂得回辉语的原因则比较清晰，因为两个族群的村子基本相邻，现在村子边缘已呈交错居住状况。大约在20世纪80年代，由于两个族群之间发生过纠纷，相互往来减少，因此45岁以下迈人基本不懂回辉语，70岁以上迈人懂回辉语的比率则比较高，达到33%。

　　总体来说，迈人族群的语言使用能力随社会的变化而变化，并从年龄层次上表现出来，其中最值得重视的是迈人对迈话的语言态度。在调查过程中，我们深切感受到迈人对使用迈话的积极态度。尽管大多数迈人均能用海南话或者普通话交际，但只要有两个迈人的场合，他们总是使用迈话。而在村子和家庭里，他们基本只用迈话交流。村子里开会，或者村内商贸交易也都采用迈话。我们还注意到，凡长期在迈人村子务工的黎族人、儋州人或者海南人都采用迈话与迈人交流。一个有趣的现象是，在羊栏村里还居住着数十户海南闽语人，他们在该村已经居住了近百年，但是他们与迈人交际用迈话，在家里则用海南话。

　　尽管迈人有着保存迈话的传统，但普通话的强势作用已经逐步显露出来，并且对迈话和海南话产生了挤压作用。在羊栏村的小学和中学里，所有课程以及课间交流都采用普通话。大约近10年来，父母对学龄前儿童普遍采用普通话交流，这个现象真的很惊人。即迈人家庭不是被动地等待儿童进入学校开始学习普通话，而是自觉地从孩子幼儿期就开始教学普通话。如果加上电视等媒体的作用，则有可能在两三代人之后，普通话将逐步取代迈话或海南话成为迈人的交际语言。所以我们认为，迈人保存迈话的态度实际非常矛盾，45岁以下迈人在面对社会的发展中，可能不得不放弃传统语言文化而选择更具生存发展能力的交流手段。这个现象我们在下一节的词语调查项目中可以看得更清楚。

三　迈话族群三代人词语使用的变化

为了更真切地观察迈人族群在现代社会中语言变化的情况，我们分别对三个年龄段的迈人进行词语使用的调查。具体调查方法采用入户方式分别对三代人进行问卷口头调查，包括词语的使用和语音的变异。

本次调查总共随机选择了10户人家，调查人数为26人，有祖孙三代、父子、父女、婆媳以及婶母与侄女。年龄上，最小的15岁，最年长的84岁。

调查词语的选择也有一定的考虑，主要涉及四个因素。第一，常用生活词语特征，包括生活中随时起支配作用的"太阳、月亮"，经济生活中的"稻草、玉米"，身体部位的"鼻子、胳膊"，以及常见的昆虫、小动物"蜈蚣、猴子"，还有一些基本动作"喝、跑"和便于描述的形容词"小、胖"等，现代生活中的新事物也占一定比率，如"出租车、打工仔"。第二，历史词源特征，考虑到迈话的历史背景，我们选取词语时斟酌了部分可能与粤方言、客家话相同或者不同的词语，具体标准有：迈话自己特有的词，如"月翁、黄公虫"；来源于汉语共同语的词，如"猢狲、鼻儿"；与客、粤方言均相同的词，如"担杆、衫、行运"；与粤方言相同的词，如"鸡乸、闹人、㓥鸡"。第三，与日常生活关系密切的新词语，如出行交通载体、旅游摄影工具、与网络游戏的兴起相关的计算机等。第四，方便操作特征，这项因素主要考虑到入户调查应选择易于询问、方便解释的词语，而且数量应适度。为此，我们总共选择了45个词加以调查，下面列出这些词以及可能的本字与读音。

表3　调查词语

	词义	方言词	读音		词义	方言词	读音
1	太阳	热头	ŋet^{33} thau^{55}	11	臭虫	壁虱	ʔbia^{23} θaʔ^5
2	月亮	月翁	ŋet^{33} uŋ^{13}	12	青蛙	田鸡	then^{55} kɔi^{13}
3	水坑	水窿	θui^{33} luŋ^{13}	13	蜘蛛	老虎网	lou^{33} hu^{33} muaŋ^{33}
4	稻草	谷秆	kuk^{33} kuan^{33}	14	男人	粗人	tshu^{13} nɔn^{55}
5	扁担	担杆	ʔdan^{33} kuan^{13}	15	女人	口人	viŋ^{55} nɔn^{55}
6	玉米	番麦	van^{13} mɛʔ^3	16	鼻子	鼻儿	phot^1 ŋi^{55}
7	母鸡	鸡乸	kɔi^{13} na^{33}	17	舌头	脷舌	lɛ^{33} θet^1
8	小母鸡	女鸡	ni^{33} kɔi^{13}	18	胳膊	胳膊	ku^{25} ʔbɔʔ^{55}
9	猴子	猴狲	hou^{21} θun^{13}	19	衬衣	衫	θan^{13}
10	蜈蚣	黄公虫	vuaŋ^{55}kuŋ^{13}tshuŋ^{55}	20	杀鸡	㓥鸡	thuan^{13} kɔi^{13}

续表

21	喝	吃水	hiaʔ³ θui³³	34	旮旯	壁角	ʔbiaʔ³ kɔʔ³
22	睡觉	闭眼	ʔbɔi³³ ŋan³³	35	不是	无是	mu⁵⁵ θi²¹
23	客人	客人	khɛʔ³ nɔn⁵⁵	36	在家	在屋	tshei²¹ uk³
24	走运	行运	hɛŋ⁵⁵ vɔn²¹	37	计算机	电脑	then²¹ nou³³
25	戳	督	ʔduaʔ³, ʔbiu¹³	38	出租车	的士	det⁵ θi³³
26	爬行	爬躝	pha⁵⁵ lan⁵⁵	39	公交车	中巴车	tɔŋ¹³ ʔba⁵⁵ θa¹³
27	跺脚	口脚	thɔn²¹ kiaʔ³	40	小轿车	小车	θɔi³³ θa¹³
28	站立	企	khi²¹	41	写字楼	办公屋	phan²¹ kuŋ³³ uk³³
29	走	行	hɛŋ⁵⁵	42	打工仔	打工儿	da³³ kuŋ¹³ ŋi⁵⁵
30	跑	走	phɛu⁵⁵, 走 tau³³	43	理发店	剪毛店	tsen³³ mou⁵⁵ then³³
31	骂	闹	nɛu²¹	44	快餐	快餐	khuai²¹ tshan⁵⁵
32	小	细	θɔi³³	45	胶卷	胶卷	kɛu¹³ ken³³
33	胖	肥	vi⁵⁵				

下面从多个角度对调查数据进行分析。

3.1 单一形式的词语

在所调查词语中，全部发音人说法基本一致的词语为数不多，包括少量新词，如"快餐、胶卷"，更多的是常见传统词语，如"月翁（月亮）、担杆（扁担）、猴猁（猴子）、田鸡（青蛙）、闭眼（睡觉）、跺脚、企（站）、行（走）、闹（骂）、细（小）、肥（胖）、无是（不是）"，这些词语约占全部词语的31%。不过，有少数年龄超过70岁的老年人不知道"快餐、胶卷、写字楼"这类新词语。

词语在不同发音人中保持一致的原因大致可分析为两种情况。新词语之所以能保持单一形式的原因是来源单一，主要来自书面语，或者普通话。不过，有些来自普通话的词语在所指语义上发生了一些变化，如"计算机"迈话专指简易计算器，"电脑"则指计算机。至于传统词语也能保持单一形式可能与词语的使用率密切相关，它们首先都是常用词语；其次，这些词语使用域很低，基本只在乡村生活范围出现。

3.2 多形式的新词语

在所调查的新词语中也有一些非常有趣的现象，主要表现在两个方面：一是没有确定的定名，二是不同称名与不同年龄被调查人没有太大关系。例如，"的士/的士车"是口语引进的新词，而"出租车"则属于书面语或普通话借入的新词（如车厢顶标注"出租车"），回答"的士"的人多一些，但与年龄没有多大关系，隐约可看出与知识程度有些微关系。同样，"发廊"算是新词，有老、中、青三位女性采用这个词，男性只有两位年轻的，女性略占优势，但总体上还不能取代普遍使用的"剪毛店"。"公交车"和家庭自用"小汽车"是定名最不确定的词语。以"公交车"为例，从两代人（或三代人）角度看，10户人家中，除1户外（该户的长辈没能回答出这几个新词），其他9户人家中，6户人家长辈用"中巴、大巴"这类口语词，晚辈则主要用"公（共）车、公共汽车、班车"这类更书面化的词语；有2户人家的长辈和晚辈都用"公车"或"公共汽车"，只有1户人家与此相反，可能的原因猜测与职业有关，因为父亲是小学教师，女儿在家务农。由此看来，知识程度越高，与当代社会接触更多的年轻人趋向于使用更"雅"的书面化词语。请观察表4（数字表示人数，但有些词语有人有两说，这是合并的数字）。

表4 多形式新词语

名 称	迈话口语性词语	书面语或其他方言影响词语	其他变体
出租车		出租车11/的士13/的士车6	
公交车	中巴车10/中巴7/大巴2/大巴车1	公共车2/公车2/公家车1/公交车1/公共汽车3	班车2/大车1
小轿车	小车17/小汽车4	私家车1/私人车1/个人车1	的士5
写字楼		写字楼10/办公屋8/办公楼3	
打工仔	大陆工1/工人2	打工仔13/打工人5/做工人1	打工的人1
理发店	剪毛店20	发廊5	剃头店1/剃头屋1

3.3 迈话形式朝普通话转变的词语

近几十年来，迈话受到普通话的影响是不言而喻的，因此有相当部分迈话基本词语逐步被普通话所取代。以"蜈蚣"为例，绝大多数迈人都还保持了"黄公虫"说法，但一位17岁的学生已经采用普通话词语。这应该是该词开始变化的征兆。又如"壁虱"说成"臭虫"的人又多一些，包括15—49岁的6人，还有2位年轻人已经不知如何表达。除1位年长者外，其余5位年轻人采用"杀鸡"替代迈话的"劏鸡"，这反映出迈话传统词语正在受到共同语强大的压力。如果观察变化的过程，可以用"稻草"的变化来说明。这个词迈话原来的词语是"谷秆"，变为"谷秆草"似乎有用"草"解释"秆"的意味，所以有人还表示为"谷草"；再进一步，"谷"更准确的普通话说法是"稻"，又产生了"稻秆"，至"稻草"则完成了朝普通话转变的过程。

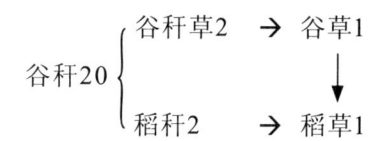

$$谷秆20\begin{cases}谷秆草2 \rightarrow 谷草1 \\ \downarrow \\ 稻秆2 \rightarrow 稻草1\end{cases}$$

整体来说,迈人族群使用普通话还只处在起步阶段,大多数普通话词语还只在学生或年轻人之间使用。有部分词语存在迈话传统词语与普通话词语交替使用的现象,如"太阳"大多数人说成"热头",但有3位中青年(26、35、43岁)两种形式都说。奇怪的是,在6位说"太阳"的发音人中,两位是超过80岁的老年人,结果,他们的儿子也是普通话的"太阳"或"太阳、热头"两可。

表5 迈话词语转换为普通话词语（词语后的数字表示人数）

迈话	交替形式	普通话	迈话	交替形式	普通话
水窿24		水坑2	□人24		女人2
黄公虫25		蜈蚣1	粗人22	（男人、粗人）1	男人3
吃水25		喝水1	剖鸡20	（剖鸡、杀鸡）1	杀鸡5
脷舌24		舌头2	热头17	（太阳、热头）3	太阳6
壁虱18		臭虫6	不会2	人客1	（人客、客人）9	客人16

3.4 混用的词语

强势方言影响导致的结果不仅用普通话词语替换方言词语,有时候会对方言词的语序产生直接影响,例如"鸡㜷"(母鸡)说成"㜷鸡"(2人);还有两可的情况,即"鸡㜷"或"㜷鸡"均可。再如"女鸡"(未生育的小母鸡),15—25岁的年轻人都说成了"鸡女",更有一些人则不知如何表达,于是或说"鸡儿、小鸡儿",或说"小㜷女",或说"小㜷鸡",或说"小鸡㜷",或者表示不会说。其中把"未生育"概念与"小"的概念、"雌性"概念,以及语序概念纠缠在一起,形成混乱的现象。

从我们调查的数据来看,还有一些词的意义受普通话影响发生了很大的变化,并导致不同形式的混用。例如"人客"原为"来客"的意思,但是现在已为"客人"取代;而"客人",在迈话里专指说海南闽方言的人,是迈人早期族群认同时对不同语言群体的分类。如今大多数人基本只用"客人"表示来客;部分人认为两种表示法均可;只有1人用了"人客",而且似乎看不出年龄在其中的作用。

类似的还有"墙角"。从两代人的用法上看,长辈用"壁角",晚辈用"墙角",但是,晚辈中还有一些混乱的用法,包括"墙角、角落、角墙、角",似乎还很不稳定。请观察表6。另外,迈人对"墙角"这个词的语义解释也有不同的地方,有人认为指墙的内角(室内），有人认为指外角（室外），还有人认为"壁角"指原来的土墙，"墙角"指砖墙。

表6　两代人的词汇差别

长辈	晚辈	户数	备注
壁角	墙角	5	
壁角	壁角	1	
墙角、角落	壁角	1	长辈为教师，晚辈女性务农
墙角	墙角、角落、角墙、角	3	

羊栏村近年一直有买彩票的风气，我们对正面描述"走运"这个词做了调查。从调查结果来看（表7），方言词"行运"并不占优势，来自普通话的"好运"在各个年龄段都普遍使用，至于其他各种表达法则显出一点混乱的现象。

表7　两代人"行运"用法比较

长辈	晚辈1	晚辈2	晚辈3	户数
行运、好彩	好运、好运气			2
行运	行运			0
运气	好运、运气			1
好运、好彩	好运、运气好	行运	走运	7

四　结语

以上就迈话的一些主要社会变化现象进行了讨论。实际上，迈人的语言态度、他们的历史，以及他们的生存状况都会引起语言的变化。例如，我们在调查中发现，作为三亚地方共同语的海南闽方言对迈话影响不大，村民离开迈话村虽然使用海南话，但只要回到村子一定使用迈话，这是他们保卫自己语言文化的典型表现。另一方面，作为教师，或者文化程度较高的迈人，以及曾经长期在族群之外地方工作的迈人更注重使用普通话，他们认为，普通话是具有更高权威的全民共同语，具有"雅言"的性质，对族群有更好的生存发展前景。这样的语言态度导致他们对幼儿采用普通话交流，或者与外人交流时选择普通话词语。

然而，随着普通话的逐渐普及，相当部分的年青一代慢慢放弃了迈话词语，甚至遗忘了迈话表达。例如，17岁的学生林安妮已经不知道"女鸡、壁虱、番鬼梘（肥皂）"这样的词语。再如，lou^{33}hu^{33}muaŋ^{33} "蜘蛛"（老虎网）这个词在迈话里语序相当固定，但有两个年轻人居然说成了hu^{33}lou^{33}muaŋ^{33}。这与另一个词mɛ^{13}tsi^{55}或tsi^{55}mɛ^{13} "乳房"的颠倒说法近似。

除了词语的变化外，迈话的语音在两代人之间也有一些变化。例如"不是"的传统说法是$mu^{55}θi^{21}$，或者$miau^{55}θi^{21}$，但年青一代普遍说成$mi^{55}θi^{21}$。"胖"原本是vi^{55}，但音变为fi^{55}。还有个别词出现的音变现象比较费解，如"衫"原本读作$θan^{13}$，但也有年轻迈人读作$θam^{13}$，这种变化的原因是什么呢？回归还是其他方言的影响？

总起来说，迈话是一种延续了千余年缓慢发展的汉语方言，迈人族群具有较强的语言文化保护意识。但随着社会快速发展以及共同语的普及，迈人族群也正在经历自身语言的激烈动荡和变化，很多古老的语言传统开始消失。原来那些令人遐想的社会称谓现象也基本消失殆尽，如"算命客、担盐客、劏猪客、打铁客、踏衫客、磨刀客、担油客、补铠客、打银客、剃头客"，等等。

参考文献

黄谷甘、李如龙：《海南岛的迈话——一种混合型的方言》，《广东民族学院学报》（社会科学版）1986年第1期。

黄谷甘、李如龙：《海南岛的迈话》，《中国语文》1987年第4期。

江　荻、欧阳觉亚、邹嘉彦：《迈话语音系统及同音字字表》，《方言》2006年第1期。

黎祖辉（提供）：《黎氏族谱》，1985年续修。

欧阳觉亚、邹嘉彦、江荻：《三亚迈话的归属问题》，第十届国际粤方言研讨会（香港中文大学），2005年。

三亚市地方志编纂委员会：《三亚市志》，中华书局，2001年。

Language Use Status of the Mai Dialect in Sanya

Jiang Di, Ouyang Jueya, Zou Jiayan & Qian Zhi'an

Abstract: This paper provides a brief introduction to the speakers and use of the Mai dialect in the Yanglan Village, Fenghuang Township, Sanya City, Hainan Province, and discusses the geographical distribution of this dialect, the language attitude of the Mai speakers, and the current situation of use of the dialect. In particular, this paper describes the changes in this dialect triggered by social development and the status quo of social development reflected from lexical changes examples of lexical innovation and replacement as well as the intergenerational differences in vocabulary use.

Keywords: Sanya City; Mai dialect; language status; lexical change

（通信地址：江荻　221116　徐州 江苏师范大学语言科学与艺术学院；
欧阳觉亚　100081　北京 中国社会科学院民族学与人类学研究所；
邹嘉彦　香港 香港城市大学语言资讯科学研究中心；
钱志安　香港 香港教育大学语言学及现代语言系）

论布依语方言土语的划分

——兼从"通解度"的视角考察

周国炎 卢晓琳

提要： 20世纪中期的民族语言调查和识别工作中，语音特点是布依语方言土语划分的主要依据。但从布依语使用情况来看，即使在同一土语区，也存在着难以交流沟通的问题。因此，本文对布依语使用现状进行了分析，并结合"通解度"的方法，对布依语方言土语划分提出新的设想，试图为解决这一问题提供更理想的途径。

关键词： 布依语 通解度 方言划分

我国少数民族语言的情况十分复杂，对于不同民族语言方言土语的划分，学界存在着各种不同的声音。早期，王均先生（1981）提出同一种语言的不同方言"总得有一定数量的词汇，特别是一定百分比的基本词汇相同，还有语法构造的基本特点总应该是大致相同"。胡明扬先生（1981）指出区分语言与方言时，应首先考虑社会政治因素，其次还要考虑语言结构方面的因素。孙宏开先生（1988）也曾指出，语言识别与方言划分除了考虑语言本身诸多要素外，还应考虑历史、社会政治、语感等社会因素。近几年，随着我国语言调查工作的不断推进，以及国内外学者的不断交流，学术界对于方言土语划分问题也有了新的认识和讨论。其中，最值得关注的便是提出了"通解度"这一方言土语划分的新标准。"通解度"主要指交流时对话语的理解程度。只有"通解度"高，才能更好地实现语言或方言土语的交际功能。

在我国，虽然早已意识到社会因素对方言土语划分的重要作用，但在实际的划分工作中，大部分少数民族语言仍把语音异同情况作为其内部方言土语划分的主要标准和依据，布依语也不例外。然而，在对布依族内部语言使用情况进行深入了解和调查后发现，对于布依族民众来说，口音和语感才是其方言土语认同的主要依据。在实际的语言交流过程中，口音越相近，理解程度就越高，交流就越容易。因此，笔者认为可以从"通解度"角度出发，对布依语方言土语问题划分重新进行思考和讨论。

一 布依语方言土语划分及土语之间的异同

1.1 布依语方言土语的划分

20世纪50年代,在大规模田野调查材料的基础上,语言学前辈们主要以各地布依语语音方面的异同,对布依语进行了方言土语的划分,认为布依语内部没有方言的差别,只有土语的不同,根据语音上的差异,将布依语分成三个土语,按通行地域,分别称为黔南土语、黔中土语和黔西土语,习惯上又称为第一、第二和第三土语。

第一土语主要通行于贵州省南部和西南部地区,从东到西包括荔波、三都和独山三县全境,都匀市南部,平塘县南部,罗甸县县全境,惠水县西南部,紫云县南部、望谟县绝大部分地区,镇宁、关岭两县南部,以及册亨、贞丰、安龙、兴义四县市全境和兴仁县的部分地区,云南省罗平县的布依语也属于第一土语。第二土语通行于贵州省中南部,包括黔南州都匀市西北角,平塘县北部,惠水县的南部和东南部,贵定、龙里、长顺三县全境,贵阳市全境,安顺市镇宁县中部地区、紫云县北部、西秀区、平坝县全境,毕节市除赫章县北部之外的其他地区。第三土语通行于贵州省西部,包括安顺市镇宁、关岭两县的北部,普定县全境,六盘水市全境,黔西南州北部的晴隆、普安两县,兴仁、望谟两县的部分地区,毕节市威宁县全境,赫章县北部的可乐乡一带,根据最近的调查资料,云南省巧家县和四川省宁南县一带的布依语也属于第三土语。

20世纪50年代的语言大调查共搜集到了40个调查点的布依语语料,汇集于1959年出版的《布依语调查报告》(以下简称《报告》)。《报告》整理出了40个点的语音系统,并从语音、词汇和语法几个方面对布依语进行了简要的介绍,布依语三个土语便是在对各地语音进行对比的基础上划分出来的。《报告》在每个土语的基础上又做了进一步的划分,从方言划分的角度来说,"土语"的下位层次应该是"次土语",但《报告》没有这样命名,而是称之为"小区"。第一土语划分为三个小区,分别以第一、第二和第三小区进行命名。第一小区主要位于黔西南南部和黔南州罗甸全境以及惠水的南部,《报告》中属于该小区的语言点一共有9个;第二小区主要位于黔南州的东部,包括荔波、三都和独山三县全境和平塘县的南部,《报告》中有8个语言点属于该小区;第三小区位于黔西南州北部,与第三土语相邻,在语音上具有介于第一和第三土语的特征。《报告》中属于这个小区的有3个点。第二土语分为两个小区,延续第一土语区三个小区的称呼,分别称为第四和第五小区,其中第四小区位于黔南中北部和贵阳市周边地区,《报告》中属于这个小区的共有6个语言点；第五小区位于贵州省中西部和西北部地区，包括黔南州的长顺、安顺市的西秀以及毕节市通行布依语的地区，《报告》中属于这个土语的共5个点。第三土语分为三个小区，延续第二土语两个小区命名，分别称为第六、第七和第八小区。其中第六小区分布在安顺市和黔西南大部分通行第三土语的地区，《报告》中属于这个小区的共4个点；第七小区分布在六盘水市以及安顺市的镇宁和关岭县北部，黔西南州普安县等地；第八小区分布范围较小，《报告》中仅有一个点划入这个小区，即水城县的田坝，现属于水城县金盆乡。《报告》所涵盖的语言点虽然很多，但限于当时的条件和后来民族成分发生变更等原因，一些边缘地区的布依语语料未考虑进来。基于20世纪80年代以来田野调查不断增加的材料，我们可对《报告》的划分做一些补充。如云南省罗平一带的布依语可以划入第一土语的第一小区，贵州省黔西、大方、纳雍一带的布依语可划入第二土语第二小区，云南省巧家县和四川省宁南县一带的布依语可以划入第三土语的第二小区，贵州威宁新发、牛棚一带的布依语以及赫章县北部可乐乡一带残存的布依语可以划入第三土语第三小区。

1.2 各土语的语音特点及土语间的语音对应情况

1.2.1 各土语主要语音特点

第一土语在语音方面的主要特点表现为：(1) 主要元音-a-、-o-在元音韵尾-i、-u以及辅音韵尾之前有长短音的区别；(2) 各地本族语固有词和早期汉语借词均没有送气音声母；(3) 有舌面擦音ɕ-，该辅音在其他两个土语中一般读作ts-；(4) 有腭化音pj-、mj-，其他两个土语多数没有pj-，只有mj-；(5) 多数地区唇化音声母比较丰富，塞音、边音、鼻音和擦音都有唇化现象，而其他两个土语通常只有kw-和ŋw-；(6) 各地韵尾系统保持得都比较完整，鼻音有-m、-n和-ŋ三套，仅个别地区出现-m韵尾脱落归并到-ŋ尾的现象，塞音韵尾有-p、-t和-k，-m尾脱落的地区-p尾也相应出现脱落，归并到-k尾。

第二土语由于处于第一和第三土语的中间地带，因此，在语音上与这两个土语交叉和重合的地方比较多，且多数情况下与第一土语比较接近，但也有其独特的地方，主要表现为：(1) 声母方面，最突出的特点是没有擦音f-、ɕ-和h-，第一土语的f-和第二土语的f-和w-[①]在该土语都读作w-，第一土语擦音ɕ-在该土语读作ts-或tɕ-，第一土语的h-以及黔西土语的h-和ɣ-在该土语均读作ɣ-；(2) 部分地区的塞音和塞擦音有送气和不送气的对立；(3) 部分地区没有舌面塞擦音tɕ-，第一土语及本土语其他地区读作tɕ-声母的，在这些地区都读作k-；(4) 部分地区没有复合元音aɯ，其他土语中的aɯ在这些地

[①] 第三土语的语音特征下文还将做详细介绍，这里仅对其与第二土语有关的特征做简要说明。

区都读作ai。

第三土语通行于贵州西部以及四川、云南的个别地区，由于分布比较分散，导致该土语内部差别较为明显，其在语音方面的特征主要表现为：（1）大部分地区的本族语固有词和早期汉语借词都有送气辅音，出现较多的为送气塞音 ph-、th-、kh- 以及送气塞擦音 tsh-，送气塞擦音 tɕh- 偶尔出现；多数地区送气塞音受声调的制约，通常只出现在第三调；（2）部分地区有边擦音 ɕ-，与第一和第二土语的擦音 s- 对应；（3）该土语大多数地区都没有舌面塞擦音 tɕ-，该声母与第二土语的部分地区一样，均读作 k-；（4）主要元音只有前低元音 -a- 在韵尾之前分长短，而且有些地区长短对立已经很不明显，其他主要元音都没有长短对立；（5）多数地区有后低元音 -ɑ，单独做韵母，不带韵尾，与第一和第二土语多数地区的复合元音 -aɯ 对应；（6）第一和第二土语的单元音 -i 和 -u 在该土语变读为 -ei 和 -ou，-e 和 -o 在有些地方变读为 -iə 和 -uə，而复合元音 -a:i 和 -a:u 在该土语多数地区普遍变读为 -e 和 -o；（7）与第一和第二土语相比，该土语的韵尾系统相对简化，多数地区辅音韵尾 -m 和 -p 分别归并到 -ŋ 和 -k，塞音韵尾在个别地区甚至只保留了一个喉塞音，如贵州省威宁县的新发；有些地区甚至连喉塞音韵尾也消失了，如贵州水城的南开罗家寨；（8）部分地区舒声调只有5个调，第一和第二土语的三、四调在这些地区出现了合并现象。

1.2.2 土语间语音对应现象举例

王伟教授在其《布依语五个代表点的语音比较》（王伟1993）一文中选择了贵州望谟县复兴镇、龙里县羊场、普安县细寨、水城县罗家寨和四川省宁南县拉洛布依语的语音为例进行了比较，以揭示各土语之间的语音对应关系。其中望谟复兴镇（简称"望谟"）是现行布依文方案的标准音点，代表第一土语布依语的语音特征，龙里羊场（简称"羊场"）是20世纪50年代新创布依文的参考音点，代表第二土语的语音特征，普安细寨是《布依语调查报告》中的一个点，属第三土语，也具有一定的代表性，水城县罗家寨在《报告》中称为"水城田坝"，是第三土语中较特殊的一个点，其语音方面在整个布依语甚至壮傣语支语言中都比较独特，该语言点塞音韵尾基本全部消失，清塞音在一些调有浊音特征。20世纪80年代中期，本文第一作者和王伟老师再次到该点进行调查，对一些语音现象做了核实。宁南布依语材料是王伟老师20世纪80年代初调查的，笔者2017年2月中旬也做了调查，其语音特征与第三土语第二小区比较接近。下文以上述几个点的材料为例，对布依语三个土语的语音对应规律做一个简要的对比。①

---

① 以下语料引自王伟《布依语五个代表点的语音比较》，载孙若兰主编《布依语文集》，略有删节。

(1) 送气音声母的有无及对应

望谟	羊场	普安	宁南	罗家寨	词义
pa³	pa³	pha³	pha³	pha³	姑妈（父之姐）
tai³	tai³	thai³	thai³	the³	哭
ka:ŋ³	ka:ŋ³	kha:ŋ³	kha:ŋ³	kha:ŋ³	讲
ɕa³	tsa³	tsha³	tsha³	tha³	等候
tɕeu³	tɕiu³	tɕhiu³	tɕhiu³	tɕhiau³	脚后跟

(2) 塞音、塞擦音全浊声母的有无及对应

罗家寨	宁南	普安	望谟	羊场	词义
bei²	pei²	pei²	pi²	pi²	肥
da⁶	ta⁶	ta⁶	ta⁶	ta⁶	河
kəu²	kau²	kaŋ²	kau²	kau²	弯
dzə⁴	tsa⁴	tsa⁴	ɕa²	tsa⁴	稀
dʑiŋ²	tɕiŋ²	tɕim²	tɕim²	tɕim²	钳子

(3) 腭化音声母的多少及对应

望谟	羊场	普安	宁南	罗家寨	词义
pja¹	pja¹	pa¹	pa¹	pa¹	鱼
pja:i³	pja:i³	pjai³	pjai³	phe³	走
mja⁶（滑）	mjai⁴（锈）	mja²（稀）	—	—	
mja:n²	mja:n²	—	—	—	踩
ʔjai⁴	ʔjui⁴	ʔji⁴	ʔji³	ʔji³	布依
ʔja:ŋ⁴	ʔja:ŋ⁴	ʔja:ŋ⁴	ʔja:ŋ³	ʔja:ŋ³	马刀

(4) 唇化音声母的多少及对应

望谟	羊场	普安	宁南	罗家寨	词义
kwa:ŋ⁵	kwa:ŋ⁵	kwa:ŋ⁵	kwa:ŋ⁵	kwa:ŋ⁵	宽
ŋwa⁴	ŋwa⁴	ŋwa⁴	ŋwa⁴	ŋwa⁴	瓦
ʔwa⁴	ʔwa⁴	ʔwa⁴	—	—	傻
lwa²	la²	la²	la²	la²	锣
zwa:m²	za:m²	ɕa:m¹	saŋ¹	saŋ¹	抬
ʔjwa⁴	—	—	—	—	长脸

（5）唇齿擦音的分合及对应

普安	宁南	罗家寨	望谟	羊场	词义
fa¹	fa¹	fa¹	va¹	va¹	盖子
va²	va²	va²	fa²	va²	铁
fu³	fu³	fu³	vɯə³	vu³	云
vai⁴	ve⁴	vai⁴	fai⁴	vai⁴	树
fa:i⁵	fe⁵	fe⁵	va:i⁵	vai⁵	棉花
fa:n⁶	va:n⁶	va:n⁶	fa:n⁶	va:n⁶	万

（6）舌根擦音的分合及对应

罗家寨	宁南	普安	望谟	羊场	词义
ha:i¹	ɣe¹	ha:i¹	ha:i¹	ɣa:i¹	开
ha:i²	ɣe²	ha:i²	ha:i²	ɣa:i²	鞋
hən³	ɣən³	hən³	hɯn³	ɣun³	上升
haŋ⁶	ɣaŋ⁶	ham⁶	ham⁶	ɣam⁶	晚上

（7）舌面清擦音和舌尖塞擦音的读法及对应

望谟	羊场	普安	宁南	罗家寨	词义
ɕai¹	tɕai¹	tsai¹	tai¹	te¹	犁
ɕiə²	tsɯ²	tɕi²	tsɿ²	dzɿ²	黄牛
ɕa³	tsa³	tsha³	tsha³	tsha³	等候
ɕɯ⁴	tsɯ⁴	tsə⁴	tsə⁴	dzə⁴	买
ɕo⁵	tso⁵	tso⁵	tso⁵	—	放置

（8）单元音和复元音韵母的对应

望谟	羊场	普安	宁南	罗家寨	词义
ziə²	zɯ²	ji²	ji²	zi²	耳朵
tuə²	tu²	tu²	tu²	du²	只、头（量词）
ŋɯə²	ŋu²	ŋu²	ŋu²	ŋəu²	蛇
ta:i¹	ta:i¹	ta:i¹	te¹	ta:i¹	死
ta:u⁵	ta:u⁵	ta:u⁵	tɔ⁵	ta:u⁵	返回
taɯ²	taɯ²	tɑ²	tɑ²	—	守
pi¹	pi¹	pei¹	pei¹	pei¹	年
pu⁴	pu⁴	pəu⁴	pəu⁴	bu⁴	公的，雄性

(9) 辅音韵尾的多少及对应

望谟	羊场	普安	宁南	罗家寨	词义
sa:m¹	sa:m¹	sa:m¹	saŋ¹	saŋ¹	三
sa:n¹	sa:n¹	sa:n¹	sa:n¹	sa:n¹	编织
sa:ŋ¹	sa:ŋ¹	sa:ŋ¹	sa:ŋ¹	sa:ŋ¹	高
za:p⁷	za:p⁷	sa:p⁷	sa:k⁷	sə⁵	挑
zat⁷	zat⁷	ɕat⁷	sət⁷	se⁵	菌子
zak⁷	zaʔ⁷	ɕak⁷	—	—	断

(10) 韵尾前元音的长短、开合及对应

望谟	羊场	普安	宁南	罗家寨	词义
ʔda:ŋ¹	ʔda:ŋ¹	ʔda:ŋ¹	ʔda:ŋ¹	ʔda:ŋ¹	身体
ʔdaŋ¹	ʔdaŋ¹	ʔdaŋ¹	ʔdəŋ¹	ʔdəŋ¹	鼻子
ʔdiŋ¹	ʔdiŋ¹	ʔdəŋ¹	ʔdəŋ¹	ʔdəŋ¹	红色
luŋ²	luŋ²	loŋ²	luŋ²	luŋ²	舅舅（比母大）
vɯn¹	vɯn¹	fən¹	fən¹	hun¹	雨
ʔdoŋ⁴	ʔduaŋ⁴	ʔduaŋ⁴	ʔduaŋ⁴	ʔduaŋ⁴	硬
ʔdoŋ⁴	ʔdoŋ⁴	ʔduaŋ⁴	ʔduaŋ³	ʔduaŋ³	簸箕
zeŋ²	ziaŋ²	jiaŋ²	jiaŋ²	zaŋ²	力气
ȵen¹	ȵan¹	ȵan¹	ȵian¹	ȵian¹	野猫

(11) 声调（调类）的多少及分合

望谟	羊场	普安	宁南	罗家寨	词义
na¹	na¹	na¹	na¹	na¹	厚
na²	na²	na²	na²	na²	田
na³	na³	na³	na³/⁴	na³/⁴	脸
na⁴	na⁴	na⁴	—	—	舅舅（母之弟）
na⁵	na⁵	na⁵	na⁵	na⁵	箭
ta⁶	ta⁶	ta⁶	ta⁶	da⁶	河
tak⁷	taʔ⁷	tak⁷	tak⁷	—	舀
tak⁸	taʔ⁸	tak⁸	tak⁸	—	雄性（兽）

（12）声母的清浊和调类的关系

罗家寨	宁南	普安	望谟	羊场	词义
fai⁵	fe⁵	fa:i⁵	va:i⁵	va:i⁵	棉花
vai⁵	ve²	va:i²	va:i²	va:i²	水牛
sa:u¹	sɐ¹	sa:u¹	sa:u¹	sa:u¹	女友
za:u²	sɐ²	sa:u²	sa:u²	sa:u²	滤
ɕian³	ɕian³	ɕian³	hen³	jian³	黄
jian⁴	jian⁴	jian⁴	hen⁴	hen⁴	啃
haŋ⁵	ɣaŋ⁵	ham⁵	ham⁵	ɣam⁵	问
haŋ⁶	ɣaŋ⁶	ham⁶	ham⁵	ɣam⁶	晚上
bei²	pei²	pei²	pi²	pi²	肥
da⁶	ta⁶	ta⁶	ta⁶	ta⁶	河
gəu²	kau²	kau²	kau²	kau²	弯
tɕiŋ¹	tɕiŋ¹	tɕim¹	tɕim¹	tɕim¹	针
dʑiŋ²	tɕiŋ²	tɕim²	tɕim²	tɕim²	钳子
dzaŋ²	tsaŋ²	tsam²	tsam²	tsam²	玩耍

以上五个语言点的材料显示出了布依语三个土语之间较为严整的对应关系，可以看出，第一土语与第二土语之间更接近一些，第三土语中普安点与第一、二土语有一致的地方，如辅音韵尾保留了-m尾和-p尾，而以四川宁南点为代表的第三土语-m尾和-p尾均已消失，分别并入-ŋ尾和-k尾。水城罗家寨鼻音韵尾保留了-n尾和-ŋ尾，塞音韵尾已全部消失。

总体看来，布依语各土语语音有其自身的特点，土语之间的语音对应大多都是有规律可循的。这些都是早年语言学家们对布依语进行方言土语划分的依据。

二 布依族民间对本民族语方言土语的认知与认同

以上是学界从专业的角度对布依语进行的土语划分，归纳出来的语音对应规律如果没有接受过语言学的训练是很难理解的。目前，布依语的三个土语之分，除了从事语言研究的学者和语言文字工作者、接受过语言学专业训练的学生以及本民族的部分中高级知识分子之外，普通群众很少有人知道，各地布依族均以pu⁴ʔjai⁴（即"布依"）自称；同时，不同区域之间，或虽住地相邻，但平时很少交往的本民族内部，相互间又有不同称呼，即"互称"。这些互称，有些因居住地的方位而得名，有些因服饰或生活习俗而得名,有些因语言的口音而得名。以本文第一作者家乡(贞丰县北盘江镇)对周边同族的称谓为例,该地区的布依族称北盘江上游兴仁马场一带的布依族为pu⁴kɯn²(布更,即"上方人"),称下游关岭、镇宁以及本县百层、鲁贡、鲁容、沙坪一带的布依族为pu⁴la³(布拉,即"下方人"),这是以居住地的河流方位来命名。又称北盘江上游关岭、镇宁、晴隆一带操布依语第三土语的布依族为pu⁴noŋ²(布侬),称下游口音与自己比较相近的镇宁六马一带的布依族为pu⁴na⁶(布纳),"侬"和"纳"的含义有待进一步考证,虽然根据北盘江上游、下游来命名,但与北盘江本身应该没有关系,主要判断依据是服饰和说话的口音。可见,口音是布依族内部相互认同的条件之一。同样,北盘江镇一带布依族称贞丰县城以南的本民族为pu⁴ʔjaːŋ¹(布央)也是将口音作为判断依据的。普通群众无法像语言学家那样系统地列举本地布依语与其他地区布依语之间的异同,但能通过一些语音和词汇特点对不同地区的布依语进行区分。比如,提到"布侬",人们便能说出布依语口音较硬,称"菜"为pak⁷,称"等"为tsha³,称"斗笠"为kap⁷,以及一些词汇上的差异,如称"碗"为tsa¹,称"杯子"为tsuŋ¹等。这些都与北盘江镇一带的布依语大相径庭。"布央"以其语言柔和、语气词丰富而著称,常常成为北盘江镇一带布依族模仿的对象,可见认知的主要依据也是口音。对于分布更远的本民族,由于缺乏交往,偶尔相遇,如果是妇女,可以通过服饰来进行判断,语言方面只能通过一些词语来判断是否本民族,至于更深入的交流,只能借助汉语。

口音、语感是布依族民间认同本族语(狭义的本族语,实际上是本民族在特定区域内的共同语)的主要依据。口音指的是某个人说话带有个人、地方或民族语言的特点。同一个民族的人,说话彼此能听得懂,但口音不同,用母语交流起来会觉得缺乏语感。在笔者家乡,不同的口音常常被冠以区域性互称,如jiŋ¹ pu⁴noŋ² "布侬的口音",jiŋ¹ pu⁴na⁶ "布纳的口音",jiŋ¹ pu⁴ʔjaːŋ¹ "布央的口音",使用这些变体进行交流则会分别被称为kaːŋ³ noŋ² "讲带布侬口音的布依语",kaːŋ³ na⁶ "讲带布纳口音的布依语"或kaːŋ³ ʔjaːŋ¹ "讲带布央口音的布依语"等。口音相近,认同度越高,反之则越低,认同度的高低往往会决定在交流过程中用本族语还是转用其他语言。但这只是一方面的因素,区域之间是否认同,或认同的高低,还取决于历史上相互交往的密切程度。布依族社会是传统的农业社会,历史上长期以稻作农耕为主要的生计方式,较少经商。因此,在布依族地区,区域间的交往主要是因联姻或人口迁移而造成的,而不是商贸往来。有地域阻隔的地区之间,一旦因相互联姻而往来,或因历史上外迁而返回来认亲,只要是本民族,即使语言上有些差异,相互之间也会在交往过程中逐渐适应。但如果缺少交往,即使住地相邻,相互之间语言上稍有差别,偶有相遇,也不会使用本民族语言。这样的例子在布依族地区比比皆是。

20世纪90年代末以后，随着社会的不断开放，地区间的交往不断加深，人们的视野不再局限于过去的小圈子，布依族之间的交流范围也在不断扩大，对不同地区本民族的认同度也在不断提高，过去那种狭隘的地方小团体意识逐渐消除。通过接触和交流，不同地区之间本族语的内部差异也逐渐显现。在调查过程中，常常会有受访者反映，他们所讲的布依语与某某地区的比较近，而某某地区的布依语他们听不懂，对此笔者也深有体会。尽管笔者受过系统的语言学知识训练，而且长期从事布依语的调查和研究，了解布依语各土语之间的对应规律，但这些知识在实际交流过程中发挥的作用是很有限的，虽有助于理解对方的话语，但仅限于语音有对应规律的部分，而对于词汇方面的差异就无能为力了。而且，这种理解也只是单方面的，也就是作为语言文字工作者的我们对对方话语的理解，一旦我们开口用自己的本地布依语与对方交流，对方如果没有接受过语言学方面的训练，或者没有接触过笔者的母语，交流就很难完成。由此笔者认为学者们所说的"长期接触—不断适应—最终实现交流"这一过程，带有一些理想化的成分。因此，笔者提出从通解度和语感的角度重新考虑布依语方言土语划分的设想。

三 结合通解度进行布依语方言土语再划分的思考

"通解度"是不同语言或方言之间彼此交流时能理解对方说话内容的程度，是语言/方言划分的一种量化的标准。Derwin&Munro（2006）解释"语言通解度"是用来衡量信息接收者在听话中接收了多少的信息量。黄行先生将"通解度"又分为"先天性通解度"和"习得性通解度"，即通过量化的方式用A语言/方言的话语材料对B语言/方言的使用者进行测试，以求得被试理解A语言/方言的值，这个量化的"值"就是通解度。如果被试未接触过A语言/方言，测试所得的值是"先天性通解度"；如果被试对测试的语言/方言有过接触，测试所得的值是"习得性通解度"。我国目前已有学者对少数民族语言进行了通解度的调查和研究，但研究成果不多。范围较大的调查是21世纪初广西少数民族语言文字工作委员会与世界少数民族语文研究院合作开展的《红水河流域壮语方言通解度调查》（广西语委2008）。同样是21世纪初，美国语言学家Jamin Pelkey以"通解度"作为判断语言独立性的主要标准之一，对云南省南部彝族普拉地区进行了语言调查。作为一种调查方法，"语言通解度测试"尚有其不完善的地方，但我们认为可以对此前布依语方言土语划分做一个重要的补充。

语言作为一种交际工具，其主要职能是服务于社会交际，交际双方能够沟通，能达到交际目的，其服务于交际的职能就算实现了。如果交际双方都不能理解对方的谈话内容，不能做到顺利沟通，交际目的就没有达到。因此，通解度是判断是否独立语言或是否独立方言的重要标准之一。

  20世纪50年代在语言调查基础上，通过语言本体对比而进行的布依语方言土语划分有其科学合理的一面，但在交际应用方面，相关文献的描述都比较模糊，没有考虑到作为一种交际工具，不同土语之间在交际过程中，到底在多大程度上能相互理解。"语言通解度测试"是解决这一问题的最好方法。为此，我们可借鉴其他语言的调查研究成果，制订布依语方言土语之间通解度测试的详细方案，对布依语土语之间的通解度进行调查。在此基础上，再结合语言要素的异同、语言使用者的语感、心理认同度、历史情况、地理位置等对布依语重新进行方言土语的划分。

参考文献

胡明扬：《现代语言学的发展趋势》，《语言研究》1981年创刊号。
黄　行：《我国少数民族语言的方言划分》，《民族语文》2007年第6期。
廖　堃：《口音与交流：从两种模型的实证研究看口音在交流中的作用》，《海外英语》2012年第23期。
孙宏开：《语言识别与民族》，《民族语文》1988年第2期。
孙宏开：《关于语言身份的识别问题》，《语言科学》2013年第5期。
孙宏开：《论史兴语的内部差异——兼论语言识别的通解度方法》，《民族语文》2013年第2期。
孙若兰：《布依语文集》，贵州民族出版社，1993年。
王　均：《民族语文工作中的若干认识问题》，《民族语文》1981年第1期。
中国科学院少数民族语言研究所：《布依语调查报告》，科学出版社，1959年。

On the Classification of Bouyei Vernaculars: The Perspective of Mutual Intelligibility

Zhou Guoyan & Lu Xiaolin

Abstract: In the minority language survey and identification conducted in the mid-20th century, the phonological features have been the principal criterial basis for the classification of Bouyei vernaculars. However, in actual situations of language use, even speakers of the same vernacular are unintelligible to each other. Therefore, this paper analyzes the current situation of use of the Bouyei language, and in the light of the method for measuring mutual intelligibility, it puts forward new ideas on the classification of the Bouyei dialects and vernaculars, in the hope of offering a more desirable solution to this problem.

Keywords: Bouyei language; mutual intelligibility; dialect and vernacular classification

（通信地址：100081　北京　中央民族大学少数民族语言文学系）

苗文创制与试验推行 60 年的意义和存在的问题[*]

李 云 兵

提要： 苗族没有传统文字，近代以来在苗族地区出现的汉字系文字多数尚不能解读，传教士在苗族地区创制的文字主要用于宗教领域，其宗教文字的性质没有根本性变化；国家帮助创制的苗文历经 60 年的试验推行，取得了很大的成就，但仍然存在诸多问题。论文主要讨论苗文创制与推行 60 年来的意义和存在的问题，并提出相应的对策。

关键词： 苗文创制　试验推行　问题与对策

苗族没有传统文字，近代以来在苗族地区出现过一些与苗族有关的借源文字，除个别文种外，这些文字是否为苗族文字，尚需解读。随着西方人文宗教在苗族地区的传播，苗族地区出现了以传播宗教为主要目的的宗教文字。中华人民共和国成立后，中央政府于1956年11月为苗族创制了4种方言文字，历经60年的试验推行，取得了很大的成就，但也存在诸多问题。本文主要讨论苗文创制与试验推行的意义和存在的问题，并提出相应的对策。

一　关于苗族传统文字的问题

苗族民间长期以来有许多关于文字的传说，但文字在战争与迁徙的历史进程中被天火烧毁、被江水吞没，由于无明确的文献记载和遗存实物，只能说苗族数千年来一直存在需要文字的愿望和梦想。

苗族历史上有没有传统文字，这是一个没有定论的命题。地方史志和民国以来的大量田野调查明确表明，苗族有刻木记事、结绳记事，但这些都不是文字符号。苗族民间

---

[*] 论文曾在中国民族语言学会民族语文应用专业委员会年会（2017.12.9—10）小组讨论会上宣读，承蒙与会学者赐教，又蒙中国民族语言学会秘书长王锋博士约稿，兹一并谨致谢忱。

的史诗吟唱和历算都有相应的实物及其符号系统,如黔东南苗族地区一直流传的婚姻史诗的"刻道"和川黔滇桂苗族地区一直流传的牛肋骨刻历算"牛档"（taη^{55}n.o^{31}）是最典型的代表。"刻道"是一种刻木记事符号,一个符号代表苗族婚姻史诗里的特定段落和特定内容,并刻记于条形木质或平板木质,偶有刻于牛骨。而牛肋骨刻历算"牛档"（taη^{55}n.o^{31}）是把历算的可能结果以符号形式刻于牛肋骨或牛肩胛骨,历算时以十二生肖按年、月、日、时推算和占卜,似殷人占卜的"甲骨文"。故有苗族学者把苗族使用的牛肋骨刻历算符号与甲骨文并同,称"苗族还在使用甲骨文"。与此相关,有些学者认为苗族服饰的一些刺绣符号是苗族传说文字的遗存。

从目前的资料看,无论是黔东南苗族婚姻史诗的"刻道"符号,还是川黔滇桂苗族地区流传的牛肋骨刻历算"牛档"符号,因符号数量极其有限,构不成书写符号系统。而苗族服饰刺绣符号,有的符号仅是纹饰,符号所蕴含的意义常有苗族服饰刺绣符号研究者的主观意愿和附会,并且纹饰符号数量极其有限,也构不成书写符号系统。总之,苗族民间流传的"刻道""牛档"及服饰刺绣符号,因其遗存少,符号单一,汉文文献亦无确切记载,苗族历史上有文字只是传说和民间揣测。因此,可以确切地说苗族无传说中的传统文字。

二 近代苗族地区出现的文字

明清以来,一些地方史志记载了苗族曾经使用的文字,如清乾隆年间湖南宝庆府苗族曾使用形如小篆的文字,但因苗族反抗清朝的封建统治,苗文遭到禁用,已无纸质实物遗存,近些年在湖南城步苗族自治县发现了一些石刻文字,似汉字但不是汉字,有学者认为是苗族的文字,不过,所发现的石刻文字与清乾隆年间宝庆府苗族使用的篆体文字的关系如何,是否为同一种文字,尚无明确结论,更无定论。

清乾隆年间陆次云编纂的《峒溪纤志·志余》记述的"苗文"及其所附《铎训》《歌章》二篇"苗文",有学者尝试解读,但结果并不理想,至今不能破译,不知为何种语言的文字。不过,也有学者认为《铎训》《歌章》所附文字就是苗族的文字并进行了解读,然而解读的结果是否与语言实际相符,尚需时日验证。其中,主要的问题是湘西南桂西北毗邻地带历经明弘治与清康熙的"改土归流"、清雍正的武力开辟"苗疆"和清乾隆禁苗语文,湘西南桂西北毗邻地带包括会同、靖州、新晃、绥宁、城步、龙胜、资源的苗族已经放弃母语转用汉语平话或老湘语,只有靠近湘西南、黔东南边缘地带的一小部分苗族还在使用苗语湘西方言西部土语、苗语黔东方言东部土语及城步苗族红苗支系使用的坝那语。那么,如果要解读《铎训》《歌章》"苗文",语言的选择是极为关键的,是选择苗语湘西方言西部土语,还是苗语黔东方言东部土语抑或坝那语作为解读的基础语?而且要明确"苗文"区域内的苗族语言的地位才能有效解读,否则就会各言其是,公说公有理婆说婆有理,莫衷一是。而如果选择湘西南桂西北毗邻地带苗族使用的汉语平话或老湘语作为解读的基础语则是绝对错误的。

清乾嘉年间湘西苗民起义被镇压后,清政府善后措施之一就是开设苗疆义学,允许苗生参加科举考试,从而使湘西苗疆腹地出现了一批苗族知识分子,其中,苗族贡生石板塘于清光绪年间仿照汉字造字法创制苗文,文字学界称之为"仿汉字苗文",也叫作"板塘苗文""老寨苗文",属汉字文化圈。板塘苗文主要用于记录湘西苗族地区的苗歌、祭祀辞和翻译汉文典籍,但流传不广,只限于少数苗族知识分子使用。据传板塘苗文记录的一些文献材料在20世纪50年代的湘西剿匪斗争中曾为解放军官兵借用,剿匪斗争结束后,或因官兵牺牲,相关借用文献遗失,现板塘苗文记录的材料所剩极为有限且只分布于湘西苗族地区的花垣、古丈等县,文字稍有差别,但造字法基本一致。板塘苗文是目前能确定的,由苗族文人志士创制的,用于记录苗族语言的书写符号系统,遗憾的是,板塘苗文最终没有成为苗族通行的文字。近几年在重庆酉阳发现的"天书",在造字法与读音上与"板塘苗文"有相似之处,可能是20世纪50年代遗失的板塘苗文的文献,但是,"天书"的真实性及其文字学特征尚需核实和研究。

清咸丰、同治年间,黔东南张秀眉率苗众起义反抗清朝的封建统治,曾聚结于雷公山,现存雷公山雷公碑的文字符号残片及其拓片也未能破译,亦不知何种语言的文字,有学者认为是"苗文",如果是苗文,那么这种文字书写的应该是苗语黔东方言。从字形和造字法看,与《铎训》《歌章》"苗文"、城步"苗文"不是同一种文字。

民国初年,一些学者或地方志记述苗族有文字而且是古老的文字,诸如庄启的《苗文略述》(1917)记述了"苗文",华学涑的《国文探索一斑》(1921)、袁嘉谷的《滇绎》(1923)、谢彬的《云南游记》(1923)、李芳的《大定县志》(1925)也都记述了"苗文"。不过,这些文献记述的"苗文",我们可以直接判断为云南路南、泸西和贵州大方等地的传统老彝文。

如上所述,苗族历史上没有传统文字基本是可以确定的,近代以来在苗族地区出现的借源文字,如果是苗族曾经使用的文字,那都是已经死亡了的文字,而且只曾在某个时间段内、某个区域里使用,诸如峒溪"苗文"、雷公碑"苗文"、宝庆府"苗文"。当然,值得注意的是前几年在贵州六枝一带发现的独特的叠加式"苗文",有关部门组织了解读,但是其解读的结果未公之于世。这种独特的叠加式"苗文"无论是造字法,还是音读形式,与峒溪"苗文"、雷公碑"苗文"、湘西"板塘苗文",都不是一个系统的文字。所以,是不是苗文,与宝庆府苗文有没有关系,是文字还是民间宗教符号,尚需进一步鉴证和深入研究。

三　苗族地区的宗教文字

19世纪末，西方列强用坚船利炮轰开了中国清朝政府的大门，并获得了诸多特权。随着西方列强的武力入侵，其宗教势力也渗透到中国各地。在西南地区，英法传教士逐渐渗透到苗族地区并进行宗教传播。传教士为了传播宗教的需要，在苗族一些地区创制了苗文，其中，影响较大的为柏格里苗文、旁海苗文，二者皆属拼音文字。

旁海苗文是英籍澳大利亚基督教传教士胡志中（M.H.Hutton）于20世纪20年代创制的，他用北洋政府教育部颁布的国语注音字母，并以圆点做贵州凯里旁海苗语的声调附加于注音字母的上中下，构成文字符号。传教士用旁海苗文翻译并印刷过《圣经》等宗教经典，由于是苗族聚居区，皈依者不多，所以旁海苗文传播不广；随着全中国的解放，传教士于50年代初被驱逐出境，西方宗教势力随之消逝，旁海苗文印刷的文献散落所剩无几。近十年来基督教在黔东南苗族地区又渐兴起，旁海苗文印刷的《圣经》有新的传播迹象，值得关注。

柏格里苗文是由英国基督教传教士柏格里（Samuel Pollard）用大写拉丁字母及相关符号于1905年与苗族、汉族基督徒一起设计创制的，又叫"波拉苗文"。柏格里苗文从19世纪10年代开始在黔西北、滇东北、滇北、川南、川西南的苗族、彝族、傈僳族地区传播，到30年代发展到巅峰，对苗族的教育、卫生等事业的发展曾起到积极的辅助推动作用。40年代柏格里苗文的传播开始衰落，1948年贵州威宁石门坎的地震震碎了西方传教士把基督教传遍苗族地区的梦想，1949—1950年西方传教士逐渐被驱逐，柏格里苗文只留在了苗族基督徒的心里。80年代以后，随着宗教政策的落实，柏格里苗文翻译的宗教经典迅速传播开来，苗族信教队伍也迅速扩大。不过需要强调的是，除宗教外，柏格里苗文在苗族社会其他领域的使用是极其有限的。一定程度上说明了柏格里苗文只是一种宗教文字，这种宗教文字对传播和传承苗族文化、发展苗族经济社会、提升苗族科教文卫等事业的作用是很有限的，从而体现出宗教文字的两面性，它更多的是为宗教服务。

四　苗文的创制与试验推行

中华人民共和国成立后，为了落实民族政策和促进民族地区经济、社会、文化的迅速发展，1956年，在毛泽东、周恩来等国家领导人的亲自关怀下，中国科学院少数民族语言调查第二工作队并同地方政府、高校对苗语展开普查，所到之处受到广大苗族群众和苗族干部的热烈欢迎和积极配合,苗族群众还曾给中国科学院少数民族语言调查第二工作队赠送了无字锦旗,十分期待中央政府为苗族创制文字。

中国科学院少数民族语言调查第二工作队在广泛调查、充分论证和深入征求意见的基础上,于1956年11月为苗族创制了湘西苗文、黔东苗文、川黔滇苗文,改革了柏格里苗文,从而形成苗族的四种拉丁字母方言文字。当时由于黔中南地区的苗语尚未调查完成,故未能为黔中南地区的苗族创制文字。苗文创制后,通过师资培训、试点、试验,1957年对四种苗文方案进行了修订,随后逐渐出版了小型工具书和农民识字课本。但是,由于特定的历史原因,苗文还没有来得及展开试验推行,民族语文工作就停滞了。1978年开始恢复民族语文工作,1982年在贵州省民族语言文字工作指导委员会的倡导下,对四种苗文方案进行了一些细微的修订。改革开放的春风,使苗文的试验推行在将近十年的时间里很快恢复并得到一定程度的发展,还出现了苗语文广播和内部报刊。1985年,云南省民族语文工作指导委员会对柏格里苗文进行规范,称为"规范苗文",并在滇中北楚雄、武定、禄劝、禄丰等的苗族地区试验推行和进行苗汉双语文试点教学,取得了一定的效果。但由于文字方案复杂、多数基督徒用柏格里苗文、"规范苗文"未纳入教育体系等问题,"规范苗文"的传播非常有限,通晓度不高,使用范围窄。

随着中国经济社会的大转型,1996年中央民族工作会议后,苗文的试验推行转由地方有关部门负责,由于受体制、体系和经费的影响,苗文的试验推行与其他新创制民族文字一样没有受到足够的重视,近二十年来始终处于缓慢、低速、徘徊的发展阶段,无论是苗文的社会功能,还是苗文于国家教育体系的作用,都处于较低的层次。尽管苗文对搜集、记录、整理苗族民间文学,对保存、保护及传承苗族民间非物质文化遗产和物质文化遗产起到了积极的工具性的作用,对国家教育体系下的苗族基础教育起到了积极的辅助启蒙的拐杖作用,以及对苗族经济、社会、文化的发展起到了催化剂的作用,但苗文用于高等教育才刚起步,有相当长的路要走。应该说,苗文创制以来在诸多领域的应用已经取得了重要的成就,但是,毋庸讳言,苗文作为记录苗族语言的符号系统,其对苗族经济、社会、文化发展应具有的作用仍然任重而道远。

中国共产党给了苗族安身立命之地。中华人民共和国成立后,苗族得以政治翻身,并与其他民族一道享有同等的平等权利,自此,苗族结束了为名分而呼、为生存而战的数千年的苦难历程。苗族成了国家的主人,苗族结束了屈辱的历史,苗族人民衷心感谢中国共产党,没有中国共产党就没有苗族的今天,苗族人民坚决拥护中国共产党的领导。苗文的创制与试验推行是中国共产党以马克思主义为指导,坚持民族平等、语言平等的政策的重大成果,是《中华人民共和国宪法》《中华人民共和国民族区域自治法》和中国共产党民族政策、语言政策的实施与落实的具体体现,苗族为有了记录自己语言的文字感到骄傲和自豪,并彻底结束了苗族没有活文字的历史。这就是苗文创制与试验推行60年来的政治意义、社会意义和现实意义。

五 苗文试验推行存在的问题与对策

唯物辩证法认为,事物的发展不一定是一帆风顺的,甚至是在曲折中前进的。苗文创制60年来的试验推行就是在曲折中前进的,有前进,就说明苗文是有生命力的,是有使用价值的,是能帮助和推动苗族向前发展的。苗文创制和试验推行60年来,应该说作为辅助性工具的历史使命已经基本完成,进一步发展的要求是继续为苗语言文学的繁荣发展提供优质服务,使苗文能按需应用于苗族地区学校的基础教育、高等教育和公共服务领域,最大限度满足苗族人民追求美好生活的需求。

苗文创制及其试验推行60年来取得了一些切实的经验,表现为政府支持、学者使用、学校传播、民间坚持,使得苗文在试验推行中曲折前进。之所以如此,实际上与政府支持的力度、学校传播的范围密切相关,学者使用多出于学术思考,民间坚持在于民族情感意识。苗文试验推行60年来成果丰硕,但也存在一些明显的问题,主要体现为:

第一,由于苗语方言复杂、彼此差异较大且方言间不能通话,故而在求同存异的基础上创制了不同的方言文字,使苗文随苗语方言地域的分布而条块分割,既不利于物力、财力、人力集中,也不利于苗文试验推行的总体推进、推广和使用,结果是耗费人力、物力、财力而效果差强人意。

第二,苗文创制与试验推行以来,不同层面、不同区域的一些苗族人士对苗文创制与试验推行的意义和作用的认识不足而且思想不统一,从而在苗文试验推行进程中出现了行动、步调不一致的现象,出现了口径不同和表面支持内心反对的状况。

第三,苗语分布广而方言复杂,现行苗文方案很难覆盖周全,一定程度导致了苗族无文字观念的滋生与蔓延,甚而有心存不良者故意以讹传讹非议苗族、中伤苗族,既不利于不同方言土语区苗族的团结,也不利于对外宣传和苗文的推广、使用。

第四,苗语分布广,由于人力、物力、财力等资源的限制和一些权力人群的冷漠,苗文的试验推行范围较为狭窄,存在诸多被遗忘的角落,不仅一定程度上挫伤偏远地区苗族的热情、期待和积极性,而且很不利于苗文的推广使用和苗族自信力的提升。

第五,苗文及其他新创制少数民族文字的推行、推广不仅是苗族及其他少数民族的事情,也应是国家的事情。但是,国家层面的不同部门、不同层级对苗文及其他新创制少数民族文字的推行、推广的关注度远远不够,投入有限,于国家教育体系内的双语文教学政策落实不到位,这既不利于国家通用语言文字的全面推广,也不利于苗族语言文字及其他少数民族语言文字的发展。

第六，我国许多苗族群众和苗族人士面对国外传教士创制的"老挝苗文"时，因其随越南战争的苗族难民遣散、吸纳而广泛使用于欧美国家苗族社区，故一些苗族人士称"老挝苗文"为"国际苗文"，并以功利目的为要务，讲政治不足，意识形态薄弱，用国外传教士创制的"老挝苗文"在国内传播国外的苗族民间出版物、音像制品、宗教出版品，或者出版官方出版物，印制、刻录非官方出版物、影像制品。虽然出版物、音像制品尚未损害苗族的政治利益，但无意间放弃话语权，既影响国家创制的苗文的地位提升，也影响国家创制的苗文的试验推行，甚至还导致国家创制的苗文无用的错误观念和用国外传教士创制的"老挝苗文"代替国家创制的苗文的想法，这些是非常不理智的、错误的意向，其结果势必导致国外势力对中国苗族地区的渗透和意识形态的侵蚀，既不利于民族团结，也不利于国家安全。

苗文创制与试验推行60年来出现的问题有客观性，也有主观性，如何解决这些问题，可以从以下几个方面考虑：

第一，苗文创制时已经充分考虑到苗语方言土语的差异性和文字书写符号的一致性，目的就是在时机成熟时推动苗语方言文字的统一，实现超方言苗文。苗文历经60年的试验推行，已经有了一定程度的群众基础并且积累了大量的方言土语文字文献，为苗语方言文字的统一奠定了群众基础和文献基础；同时，近20年来一批从事苗语言文学研究的苗族学者已经成长起来，为苗语方言文字的统一奠定了学术基础、理论基础和人才基础。由此来看，苗语方言文字统一的条件基本成熟，可在适当时间内，由有关部门动议苗语方言文字改革，实现苗文统一，打破苗语方言地理格局，在大力推广国家通用语言文字的同时，集中可能的人力、物力、财力资源，在苗族地区整体推进、推广和使用苗文。

第二，苗文是书写苗语的符号系统，是苗族文化的重要载体，苗语是苗族和苗族文化的象征，苗文自然也是苗族和苗族文化的象征；苗语是苗族的语言资源，是世界语言资源的重要成分，苗文是苗语资源的承载符号，承载苗语资源的有效记录、保存、保护和传承，作为语言资源的承载符号，其自身就是语言资源。对苗文本质属性没有认知或认知模糊，是导致不同层面、不同区域的一些苗族人士对苗文创制与试验推行的意义、作用认识不足和思想不统一的根本原因，并因此不支持甚至阻碍苗文的推行，实际上就是不支持甚至阻碍苗族文化的发展，并因此否定苗文，实际上就是否定国家行为，否定苗族文化，其后果是相当恶劣的。所以，要推行、推广苗文，必须要清楚认识苗文的本质属性，清楚认识苗文于苗族象征、苗语资源的意义，才能够形成统一的思想，在推行、推广苗文的进程中才能步调一致；只有思想统一，才能团结奋进，才能和谐共处，才能推动苗语言文字的发展，才能在世界多极化、经济一体化的背景下保持、传承、推行、推广作为苗族象征的苗语的书写符号系统和苗族文化承载体。

　　第三，苗文不是传统文字，尽管受到宪法法律的保护和支持，但是在实际的推行、推广进程中始终受到不同层级的财力、物力资源的限制，受到国家教育体制内基础教育、高等教育有限资源的限制，从而几乎失去公共服务、语言服务的效用和功能。要提升苗文于国家教育体制内基础教育、义务教育、高等教育的功用，要强化苗文于国家公共服务、语言服务的效用和功能，只有在贯彻落实"科学保护和发展各民族语言文字"精神和基于国家层面在建设语言大国、语言强国的进程中，不忽视、不忽略包括苗语言文字在内的少数民族语言文字，加强包括苗语言文字在内的少数民族语言文字使用扶持力度并纳入语言大国、语言强国的建设内容，才能很好解决苗文推行、推广的基本问题，才能满足苗族大众语言文字教育、语言文字服务的最基本需求。

　　第四，语言文字是传播意识形态的媒介，掌握了语言文字的话语权就意味着掌握了意识形态的传播权。20世纪上半期大批苗族民众皈依基督教、天主教就是西方传教士掌握了苗语言文字话语权的结果，使大批苗族民众意识形态发生根本性改变，至今仍有大批苗族民众坚守西方人文宗教的意识形态。同时，越南战争后，苗族难民把"老挝苗文"带到欧美国家，再由苗族民间往来把"老挝苗文"传播到中国西南苗族地区，从传播的途径、方式、媒体、内容看，除了异域苗族同胞民族认同的情感交流外，功利目的驱动是"老挝苗文"得以在我国西南苗族地区快速传播蔓延，并有取代国家创制苗文趋势的根本原因，其间，功利主义者、唯利是图者、沽名钓誉者大有人在，甚至有政治势力、宗教势力、敌对势力蠢蠢欲动、跃跃欲试，这于苗族是不利的。如果意识形态缺失，不仅关涉到苗族文化安全问题，而且关涉到国家边境安定、安全问题。要杜绝诸如此类的问题，我国苗族必须具有高度的国家认同意识、坚强的政治信念和坚定的道路自信、理论自信、制度自信、文化自信，增强我国苗族语言文字的自觉、自尊、自信，推行、推广我国苗族语言文字使用空间，提升我国苗族语言文字的社会功能，吸引国外苗族同胞，毫不犹豫抵制外来物质利诱和意识形态干扰，掌握话语权。

六　结　语

　　苗文创制与试验推行60年来，苗文的工作取得重大进展，成果丰硕，基本完成由工具性到应用性的转型。当然，成绩的背后仍有很多的问题，但是，苗族是一个整体，只要苗族从其整体利益出发，在中国共产党的领导下，坚持正确的政治方向，增强新时代意识形态的凝聚力、引领力，群策群力，薪火相传，切实有效解决苗文试验推行的问题，苗文是一定会有大发展、大繁荣的机会的。

参考文献

陈其光:《中国语文概要》,中央民族学院出版社,1991年。
华学涑:《国文探索一斑》,天津博物院,1921年。
姜永兴:《苗文探究》,《西南民族学院学报》1989年第1期。
李 芳:《大定县志》,民国14年(1925)石印,贵州省大方县县志编纂委员会办公室重印,1985年。
龙仕平、曾晓光、肖清:《邵阳城步古苗文实地调查报告》,《吉首大学学报》2013年第1期。
石朝江:《苗族古文字概说》,《贵州文史丛刊》1998年第1期。
苏晓红:《苗族刻道渊源及文化内涵初探》,《贵州民族研究》2008年第4期。
王贵生:《黔东南老苗文的历史及现状的调查和研究》,《凯里学院学报》2010年第5期。
王永华:《滇东北老苗文的历史与现实探索》,《三峡论坛》2015年第4期。
闻 宥:《贵州雷山新出苗文残石初考》,《华西文物》1952年第8期。
吴正彪:《苗族语言文字的发展状况及苗文推广普及的困境与出路管窥》,《文山学院学报》2012年第1期。
谢 彬:《云南游记》,中华书局,1923年。
熊玉有:《对滇东北次方言苗文使用问题的看法和意见》,《三峡论坛》2012年第2期。
杨朝山:《苗族还在使用甲骨文(DANGD NYOX)》,http://www.3-hmong.com/zonghe/showarticle.asp?articleid=2264,2017年11月20日。
杨再彪、罗红源:《湘西苗族民间苗文造字体系》,《吉首大学学报》2008年第6期。
袁嘉谷:《滇绎》,中华书局,1923年。
赵丽明、刘自齐:《湘西方块苗文》,《民族语文》1990年第1期。
庄 启:《苗文略述》,《东方杂志》1917年第1期。
Joakim Enwall. 1995. *A Myth Become Reality: History and Development of the Miao Writter Language*, Vol.1-2, Stockholm East Asian Monographs No. 6. The Institute of Oriental Languages, Stockholm University.

Significance and Existing Problems of the Creation and 60 Years' Trial Promotion of the Miao Writing Systems

Li Yunbing

Abstract: The Miao language has never been a written one in history. The Chinese-character-based Miao characters created and used in the Miao area in the modern times are basically indecipherable. The scripts created by the missionaries, having been mainly used for religious purposes, are still primarily used in the religious arena. The Miao writing systems created with government support have been tried out and promoted for 60 years. Although fruitful results have been achieved therein, there are still many problems. This paper mainly addresses the significance and the existing problems of the creation of the writing systems and their trial promotion over the past 60 years, and proposes countermeasures for solving the existing problems.

Keywords: creation of the Miao writing systems; trial promotion; problems and countermeasures

(通信地址:100081 北京 中国社会科学院民族学与人类学研究所)

傣泐文改进及相关问题的思考[*]

戴 红 亮

提要：1954年，西双版纳对老傣文进行了改进，改进后的傣文称为新傣文。改进工作既有继承又有较大变动，继承主要体现在声母和声调的选择及标注方式上，较大变动主要体现在韵母和书写方式上。本文首先分析了新老傣文改进的具体情况，然后论述了文字改革中继承性和创新性以及文字创制和改进的目标等相关问题，试图对傣泐文改进中的相关问题进行一些思考。

关键词：老傣文　新傣文　改进工作

一　引　言

傣族在历史上曾创制了傣泐文（西双版纳傣文）、傣那文（德宏傣文）、傣绷文、金平傣文等四种傣文。这些傣文字形虽差异较大，但都源自于印度的婆罗米字母，与藏文、新疆于阗文和吐火罗文等来源相同，与泰文、缅甸文、柬埔寨文、老挝文以及斯里兰卡的僧伽罗文关系更为密切，同来源于巴利文字母。

四种傣文中，傣泐文创制时间最早，流传的范围最广，留下的文献也最多，其次为德宏的傣那文。中华人民共和国成立后，我国先后对使用较为广泛的西双版纳傣泐文和德宏傣那文进行了改进，改进后的文字通常称为新傣文。

20世纪50年代，我国曾帮助少数民族改进和新创了十多种民族文字。其中傣文属于改进型文字，也是唯一被改进的非拉丁字母型文字，其改进的方式非常类似于简化字与繁体字之间的关系，如果我们将老傣文看作繁体字，并有大量的异体字，那么新傣文就是简化字。从这个角度来说，傣文的改进具有较强的类型学和政策性意义。因此对其进行重新分析和思考也就具有了较强的现实意义和理论价值，对今后的文字改革也具有普遍意义。

---

[*] 本成果受北京语言大学院级科研项目（中央高校基本科研业务专项资金）资助，项目编号为15YJ050012。

二 傣泐文的改进及主要内容

关于傣泐文的改进，大多数文献只说明了其改进过程，如1953年8月，西双版纳成立了傣族文字改进委员会，对老傣文使用情况以及改进工作进行调查研究。1954年，在中国科学院、云南省人民政府民族事务委员会协助下制定出了傣文改进初稿，并经过三次扩大会议之后，通过了《西双版纳傣族文字改进方案》。1955年开始试行改进的傣文方案。但对其具体的改进内容，则讨论很少，几乎没有文章对此专门论述过。我们认为，只有对改进的内容进行仔细和深入的分析，才能对傣泐文的改进进行重新评价和进一步思考。经过梳理，新傣文改进主要体现在以下四个方面。

2.1 从老傣文声母中选择常用的符号形式作为新傣文声母，同时延续了老傣文区分高低音组的做法

老傣文也被称为经典傣文（傣语叫to^{55}tham^{51}，to^{55}是身体、文字等意思，tham^{51}是经书、法、达摩），也就是说它一开始主要是为书写巴利语佛经而引进并创制的。在初创时，它首先考虑的是怎样更为完整地转写巴利语佛经，而不是记录傣语。所以它全盘引进了巴利语41个字母（33个辅音字母、8个元音及半元音字母），并为这些字母创制了书写形式，但这些字母中，8个元音字母不用来拼写傣语，33个辅音中也有将近三分之一的辅音是傣语中没有的。直到后来，经典文字才根据傣语实际面貌，增加了15个声母符号（此外还新创了单元音、复合元音韵母以及声调表示法），专门用来记录傣语声母系统。这样老傣文声母书写形式就有48个了。更为重要的是，在历史发展过程中，由于长期铁笔刻写和语音演变的原因，老傣文一个声母通常都有两个及两个以上的较为常见的书写形式，所以老傣文的声母较为常见的书写形式就近百个。这严重了制约了傣文的普及。下图是改进前后的傣文声母对照表（老傣文声母为常见形式，实际中书写形式更多）：

表1 老傣文辅音字母表

辅音音位	高音组	低音组	辅音音位	高音组	低音组
p	ᨷ ᠊	ᨻ (᠊)	ph	᠊ ᠊	᠊ ᠊
b	᠊	᠊	m	᠊	᠊
f	᠊	᠊	t	᠊ ᠊	᠊ ᠊
tv		᠊	th	᠊ ᠊ ᠊	᠊ ᠊ ᠊
d	᠊	᠊	n	᠊	᠊ ᠊

续表

l	ဿ	ၵ ၉	ts	ဎ	ၒ
s	သ ဿ ေ	၆ ၈	sv	ၛ	
j	ဎ သ	ယ ၅	k	ဂ	၀
kv	ဂ	ဥ	x	၉	၆ ၀
xv	၉	၄	ŋ	သ	သ သ
h	သ ၂ သ	သ သ	r		ၿ

表 2　新傣文辅音字母表

（此处为新傣文辅音字母图表）

从上图可以看到，傣文改进时从老傣文声母系统中，选择了最为常见和形式较为简单的书写形式作为新傣文的声母书写形式。这样既照顾到了继承性，也照顾到了学习的普及性，相当于一种文字整理，因此这种改进是较为成功的。而且，新傣文声母也像老傣文声母那样，区别了高低音组，保留了傣族传统的拼写习惯，这就更易于为傣族知识分子和一般群众所理解和接受。

此外，新傣文还补充了老傣文（读音有时区分，但字形不区分）中没有的而现代傣语中区分高低音组的几个声母，进一步使新傣文能够完整地记录现代西双版纳标准语。

2.2　重新创制了元音和韵尾书写方式，新老傣文韵母差别很大

傣泐文在改进时，韵母变动很大。9个单元音（各分长短，实际上为18个元音）中，

除了 a、e、ɛ、o（o 也只是老傣文中有，但并不对应）4 个外，其他元音都创制了新的书写形式，而且与老傣渨文的书写形式差别很大。13 个复合元音韵母中，-i 韵尾除了 ai 和 aai 两个新老傣文一样，其他 5 个书写形式都发生了较大变化。-u 为韵尾的 6 个书写形式则都不一样，而且外形上几乎上没有相似性。

复合元音韵母虽从形式上进行了统一，使复合元音的韵尾内部相一致，看起来更为整齐划一。但由于整个复合元音韵母书写形式与老傣文差别也较大，致使需要重新记忆和学习。

傣语中鼻音韵母和塞音韵母很发达，各有 30 个。新傣文专门为鼻音韵尾和塞音韵尾规定了书写形式，这 8 个韵尾书写形式与老傣文的韵尾差别也很大，使新老傣文鼻音韵母和塞音韵母看起来差别也很大。下面是新老傣文韵母对照表（老傣文韵母是其中常见形式，实际书写中还有很多变体）。

表 3　新傣文韵母表

ᥐ		θᥐ	ᥑ	ᥒᥐ	ᥒᥒᥐ	ᥓ	ᥒ	θ ᥐ	ᥒ θ
	ᥑ	θ	ᥕ	ᥒ	ᥒᥒ	ᥓ	ᥒ	θ	ᥒ θ
ᥑ	ᥕ					ᥕ	ᥒ	θᥒ	ᥒ θᥒ
ᥕ	ᥕᥑ	θᥕ		ᥒ ᥕ	ᥒᥒ ᥕ				ᥒ θᥕ
ᥕ	ᥕᥑ	θᥕ	ᥕᥑ	ᥒ ᥕ	ᥒᥒ ᥕ	ᥕᥓ	ᥕᥒ	θᥕ	ᥕᥒ θ
ᥑ	ᥑᥑ	θᥑ	ᥑᥑ	ᥒ ᥑ	ᥒᥒ ᥑ	ᥑᥓ	ᥑᥒ	θᥑ	ᥑᥒ θ
ᥕ	ᥕᥑ	θᥕ	ᥕᥑ	ᥒ ᥕ	ᥒᥒ ᥕ	ᥕᥓ	ᥕᥒ	θᥕ	ᥕᥒ θ
ᥓ	ᥓᥑ	θᥓ	ᥓᥑ	ᥒ ᥓ	ᥒᥒ ᥓ	ᥓ	ᥓᥒ	θᥓ	ᥓᥒ θ
ᥓ	ᥓᥑ	θᥓ	ᥓᥑ	ᥒ ᥓ	ᥒ ᥒ ᥓ	ᥓᥓ	ᥓᥒ	θᥓ	ᥓᥒ θ
ᥕ	ᥕᥑ	θᥕ	ᥕᥑ	ᥒ ᥕ	ᥒᥒ ᥕ	ᥕᥓ	ᥕᥒ	θᥕ	ᥕᥒ θ

表 4 老傣文韵母表

（表4来自西双版纳少数民族研究所编《傣汉词典》）

也就是说，傣泐文在改进时，整个韵母系统书写形式几乎发生了翻天覆地的变化，与老傣文书写形式差别很大。问题恰恰在此，傣语是一种声母较为简单，韵母非常复杂的语言。以西双版纳标准语来说，声母只有21个，而韵母则有91个。由于元音和韵尾大多重新创制，使得新老傣文字形差别很大，这种差异从某个程度来说，甚至超过了简化字与繁体字之间的外观差异。这是20世纪80年代后，要求重新恢复老傣文的一个重要原因。

2.3 改变了声调书写形式和标调位置，重新创制了两个符号

老傣文和新傣文由于声母都区分高低音组，因此在声调符号上都只使用了两个调号书写形式。其中高音组55调和低音组51调都不标注声调符号，而只需要通过声母书写形式区分即可，也就是通过隐性标调的方式来表示调类。高音组35调和低音组33调使用一个调号形式，高音组13调和低音组11调使用一个调号形式，这种区分声调的方式新老傣文是一致的。新傣文在改进时，主要做了两点变动：一是改变了调号的书写形

式，重新创制了两个标号形式；二是改变了声调标调的位置。老傣文原来标注在声母上，体现了婆罗米字母声母型文字特征；新傣文则标注在整个音节后，体现了现代拉丁新创文字的特征。

表 5 新、老傣文声调符号对比

调类	调序	调值	调号 新	调号 老		
第一组（与高音组相拼）	1	55	无	无	无	无
	2	35	6	ı	ı	ˊ
	3	13	e	˪	ˊ	˶
第二组（与低音组相拼）	4	51	无	无	无	无
	5	33	6	ı	ı	ˊ
	6	11	e	˪	ˊ	˶

2.4 新傣文改变了老傣文的书写方式，导致识认问题严重

新老傣文改变最大的地方是书写方式。老傣文继承了婆罗米文字的诸多特征，在书写上以声母为核心，韵母分布在声母的前后左右，这一点与藏文非常相似。每次书写时，需要先书写声母，然后再书写韵母部分，声调在声母上，形成一种环绕型文字。而新傣文改变了老傣文书写方式，它将傣语声韵母线性排列，基本上是"声母+韵母+声调符号"或者"元音+声母+韵尾+声调符号"两种形式。新傣文声韵母线性排列方式与老傣文以声母为核心的环绕型排列方式有很大差异。前者是拉丁字母式文字思维，后者是婆罗米字母式思维，这进一步加大了新老傣文之间的差别，也给熟悉老傣文书写方式的人带来很多不便。这也是造成新傣文很难在民间扎根的重要原因。下图是老傣文与新傣文短文对照图（新老傣文来自于西双版纳傣文网）。

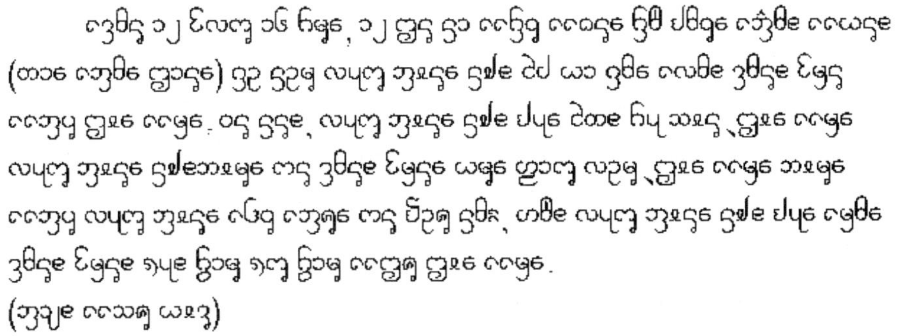

图 1 新傣文

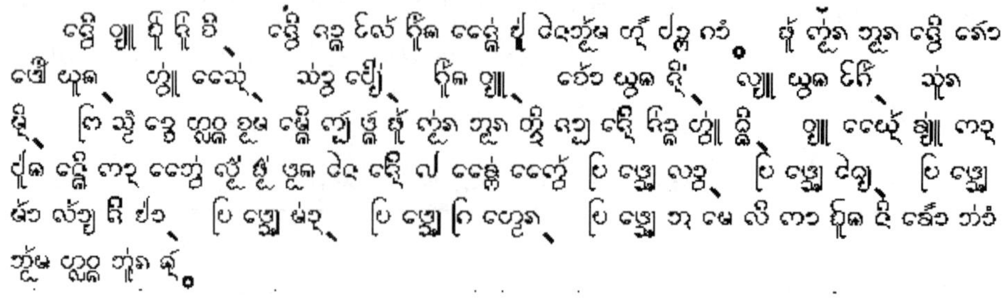

[老傣文图像]

图 2 老傣文

总的来说，傣泐文改进在声母和声调上具有较强的继承性和一致性，而韵母和书写方式上则具有较大的变动性和差异性，致使新老傣文在相似性上显著降低，造成了傣文新老文字之间的鸿沟。

新傣文在推行过程中意见就较多，因改进后的新傣文的字形和结构跟老傣文差别太大，学懂了新傣文看不懂老傣文，不利于傣族文化的传承和发展，当时要求改回老傣文呼声就很强烈，不过没有取得共识，只好维持现状。改革开放后，由于与周边跨境民族联系加强，缅甸、泰国北部以及老挝部分地区仍然使用老傣文，恢复使用老傣文的呼声再起。1985年5月25日西双版纳傣族自治州第六届人民代表大会第五次会议通过了使用老傣文的决议，西双版纳恢复使用老傣文。继老傣文和车里译语并用之后，西双版纳再次进入两种傣文并用时代。

三 傣泐文改进的反思

上面对20世纪50年代傣泐文改进具体情况做了分析。从分析中我们可以看到，傣泐文在改进过程中既有继承，又有创新，这是就新老傣文内部结构来说的。如果进一步概括，我们会发现，50年代的傣文改进最鲜明的特点是科学性和线性化。主要体现：第一，严格贯彻一声母、一韵母、一声调的原则，从而保证了音节是确定性的，这是现代语言学创制文字的一个基本要求；第二，将傣泐文书写方式由声母为核心的文字改为拉丁字母式的线性排列，这是20世纪文字拉丁化思维在文字改革中的运用；第三，线性排列又决定了必须对傣语部分韵母和声调符号重新创制，因为老傣文很多韵母是为适应声母为核心的环绕型文字而创制的。因此，从科学性和拉丁字母文字角度来观照新老傣文，新傣文无论是科学性还是现代性都远优于老傣文。但是，新傣文为什么在推行中阻力重重，后来又要重新恢复老傣文呢？我们觉得还应从更为广阔的层面进行重新分析和做进一步思考。

3.1 新老字形并存问题

傣文改进后，就产生了新老两种字形。两种字形同时使用，又一次形成了民间与政府间文字使用的并用。民间和寺庙仍然使用老傣文，政府部门在20世纪50年代力推新傣文，80年代后则新老傣文同时使用。由于新老傣文韵母和书写方式发生了巨大变化，需要学习，这就造成了很大的负担。实际上汉字改革也有这个问题，汉字简化后，与繁体字之间形成了简繁问题，这在封闭时期问题关系不大。20世纪80年代中国改革开放后，问题就出来了，繁简之争就不断成为社会热点问题，困扰着中国汉字学界和语言文字工作管理部门。其次，新旧字形表面上是字的问题，实际上远远超过这个层面。新旧字形问题大多数不是语言学问题，而是文化传承与现代化问题的矛盾。老傣文和繁体字都留下了卷帙浩繁的古文献，怎样继承传统文化也是改革或改进性文字需要考虑和面对的问题。国外土耳其也有这个问题，采用拉丁字母弃用阿拉伯文后，古籍整理和继承传统文化存在着一些问题。当前哈萨克斯坦将斯拉夫字母改为拉丁字母文字，估计将来也有这个问题。新老文字并用时代怎么处理好两种文字关系、怎样给老文字一个空间，始终是政策管理部门和社会需要面对的一个问题。再次，现代技术发展起来后，人们的书写机会越来越少，手机、电脑输入或者语音输入机会越来越多，汉字简繁以及傣文新旧字形问题在信息时代从输入角度来说，两者已经没有明显的差异，文字简化的动力也就越来越小，电脑字形越来越重要。在这种情况下，负载更多文化信息的老傣文作用越来越重要，使用机会也越来越多，这也是当时文字改进时没有想到的问题。

3.2 受拉丁化思维导致书写改变问题

20世纪我国文字改革过程中，由于受到当时世界上文字拉丁化思潮的影响，确立了文字拉丁化方向。这在汉字改革初期和少数民族改进、新创中都作为一个基本原则来要求。新创文字拉丁化如果排除没有民间基础这个要素，拉丁字母从学习的角度来说确实方便易行，尤其是对于文盲率高又从来没有文字的民族来说，以拉丁字母作为新文字创制基础是切实可行的。但对于非拉丁字母体系又有传统民族文字的新创文字来说，拉丁字母的推行就会困难重重，无论是汉字拉丁化改革还是当初维吾尔文、蒙古文创制拉丁化的方案后来都胎死腹中，都能很好地说明这一问题。傣文在改进时坚持了婆罗米字母方向，但在改进过程中，受拉丁化字母线性思维影响，改变了傣文的书写方式，将傣文书写从声母为主型转向线性排列。这种改变一是改变了傣族长期以来形成的书写习惯，二是因为线性排列必须对韵母重新制定新符号，从而导致新老傣文之间差异巨大。这两种改变都是最遭诟病的。

3.3 文字改进中的继承与创新问题

继承与创新是文字改革或改进工作中必须面对的问题。继承就是沿袭过去的习惯或成果,或者在思维方式上遵从过去的文字规则;创新就是创制新符号或者制定新文字规则。汉字在改革过程中,坚守传承字不改变就是继承,而采取系统类推简化和同音代替就是较大的创新(民间有使用,但没有作为文字规则来使用)。当前人们对继承几乎没有意见,对类推简化范围和同音代替诟病则相对较多。傣文在改进过程中,声母和声调符号主要是继承性明显,尽管声调符号重新创制了新符号,但由于与老傣文之间存在较强的对应关系,批评也相对较少。批评较多的就是韵母和书写方式变化很大,其中书写方式变化是最根本的,书写方式变成线性了,就必然要求韵母发生变化。这种创新对传统文字来说究竟有多大意义不好评价,但现实问题就是造成了新老傣文之间的很大差异,这种差异已经超越了人们心理承受的能力和范围。

这就提出一个问题,在文字改革或改进过程中,文字改革者主要角色是整理文字还是推出新文字规则。从文字史来看,整理更易为群众所接受,而颠覆性的推出新规则就不易被接受,除非有持续和强制性教育作为支撑。新傣文当初如果不改变书写方式,而是对老傣文韵母多种写法进行规范和确认,这种改进或许就会成功。实际上现在傣文信息化就是整理和规范了老傣文的写法。

3.4 文字改革中的教育问题

语言是靠习得的,而文字是必须靠后天学习的,哪怕是很简单的拉丁字母文字也是这样,这是因为每种语言都有自己的系统,文字创制中也都有自己的特点。后天学习就必须有教育作为支撑。这种教育是广泛的,可以是家庭教育、社会教育、学校教育以及专门的教育,如宗教教育等。但无论是哪种教育,都必须保证教育的普及性和延续性。如果这种普及性和延续性不能得到保证,文字的改进就很难取得成功或效果。这是因为改革或改进型文字大体属于一种自上而下的改革,这种改进或改革型文字缺乏群众基础,这就必须要靠教育来普及或延续,这样一来,教育就至关重要了。

3.5 文字区域性与文字改革问题

文化形成某种地域性是很多文字的特点,如大家熟知的汉字文化圈、阿拉伯文字圈、拉丁字母文化圈、斯拉夫字母文化圈等。傣文从大的范围来说,它属于婆罗米字母文化圈,这个文化圈产生了很多文字。这是个大圈,对文字发展有初值敏感性问题,它始终规约着婆罗米文字排序和书写形式。其次是南传佛教文化圈,也即巴利文文化圈,这个文化圈影响力主要在东南亚国家。如果再缩小一点,就是兰纳文化圈。这个次文化圈主要包括泰国北部、缅甸北部、老挝部分地区以及我国的西双版纳和孟连。这个文化圈历史上一直使用傣泐文。新傣文改进时主要立足于我国,没有考虑周边国家情况,这在当时较为封闭的社会尚可理解。改革开放后,由于与周边民族交流加强,文字就成为障碍。这是当时老傣文恢复的一个重要原因,实际上汉字在改革时也有这个问题。

3.6 科学性与人文性问题

一个文字方案,简洁性、系统性和科学性都是其重要组成部分。杂乱无章、没有科学性的文字,生命力是极为脆弱的。不过同时,科学性并不是文字方案的唯一指标,过于强调科学性,有时就会变动太大甚至发生根本性变化。这是因为大多数传统文字都不是一时形成的,而是一个层叠系统,沉淀累积了历史上不同时期优秀成果,它内部不是匀质性的。强调科学性就需要对那些非匀质性的东西进行改进或改革。但问题往往还有另外一个方面,文字也具有较强的人文性,它包含了一个民族的智慧和历史创造,也会留下大量的文献典籍。在文字改革时,如果能在坚持科学性的前提下,较多地考虑人文性或习惯性,或许遇到的阻力就会更小,改进或改革成功的可能性就会更大。

四 结语

本文对西双版纳傣泐文改进情况及相关问题进行了重新分析和思考。重新分析和思考不是指摘前人的失误和缺点,而是为了更好地促进学科发展和少数民族语言文字工作的开展,也是为了更好地为决策服务。从历史中反思,可以看出今天的步伐迈得结实不结实,方向有无问题。从今天的眼光来反思历史,可以知道前人在进行某项事业时的成就、角度和局限。正如20世纪50年代文字改革时王益先生所说:"我们的运动需要很多的专家,很杰出的专家。但另一方面,我们希望每一个语文改革运动者,都有全局的眼光。闭门不问窗外事,一心只想新文字,这是不合乎实际的。"(王益1950;费锦昌1997)

参考文献

戴红亮、张公瑾:《西双版纳傣语基础教程》,中央民族大学出版社,2015年。
费锦昌主编:《中国语文现代化百年记事(1892—1995)》,语文出版社,1997年。
傅懋勣:《傅懋勣民族语文论集》,民族出版社,2011年。
王 益:《语文改革和政治》,《新文字周刊》1950年第6期。

西双版纳傣族自治州人民政府编:《傣汉词典》,云南民族出版社,2002年。
西双版纳少数民族研究所编:《傣汉词典》,云南民族出版社,2014年。

Reflections on the Improvement of the Writing System of Daile and Related Issues

Dai Hongliang

Abstract: In 1954 improvements were made to the Old Writing of Daile used in the Xishuang Banna area, and the improved version of the Old writing of Daile was thus called the New Writing. The improvements involve both inheritance and major changes. The inheritance is mainly manifested in the selection from the old writing the forms of the initials and tones and ways of marking tones, while the major changes mainly involve the finals and writing styles. This paper first analyzes the specific improvements of the Old and the New Writing Systems of Daile, and then discusses the related issues, including the inheritance and innovation in writing reform as well as the goal of creating and improving the written language, in hope of providing some reflections on the issues related to the improvement of the writing system of Daile.

Keywords: Old Writing of Daile; New Writing of Daile; improvement efforts

(通信地址:100083 北京 北京语言大学语言科学院)

论官话、国语与普通话的历史继承和概念转换

黄 晓 蕾

提要： 官话、国语和普通话是现代中国语言生态（尤其是汉语言生态）的基本术语和重要内容，三者之间的历史继承和概念转换体现了现代中国通用语言的孕育与成长。在现代中国通用语言发生发展的漫长复杂历史过程中，伴随现代中国的政权更迭，官话、国语和普通话的历史继承和概念转换存在两个关键时期，其一是20世纪初清末与民国的更迭时期，其二是20世纪四五十年代民国与新中国的更迭时期。

关键词： 官话　国语　普通话

一　切音字运动中的官话字母（合声简字）和清廷学部章程奏折中的官音官话

19世纪末20世纪初，民间思潮涌动，朝廷立宪云起，普及教育和统一语言成为中国社会的朝野共识，以切音字运动为代表的汉语方音口语思潮自南而北、自下而上冲击清末内忧外患、潮流激荡的社会生活，揭开了现代中国标准语言确立的历史序幕。19世纪90年代，伴随开启民智、普及教育的社会呼声，各省陆续出现了数十种利用各种字母形式拼切本地方音口语的拼音方案，汉语方音口语思潮自南向北、自下而上在各省传播发展。至20世纪初，以北方王照的官话字母和南方劳乃宣的合声简字推行较广，影响较大。

1.1　官话字母（合声简字）

1900年至1903年间，河北人王照[①]秉承切音字运动以来字母拼切方音的思想，创制

---

① 王照（1859—1933），字小航，号芦中穷士，晚年又号水东，河北宁河人。

"音母五十"(声母)、"喉音十二"(韵母)以及"上平 下平 上 去"(四声)的官话(合声)字母,利用两拼法拼切北京音(王照1958)。此后十数年,王照及其弟子在京津、直隶等地以《官话合声字母》为教材,创办"官话字母义塾",出版合声字母注音读物,教习下层平民、妇女儿童识字读书。王照的官话字母以京音官话(京话)为语音标准,王照认为京音官话在汉语诸方言中使用人口最多、使用地域最广,是"公用之话",因此易于传习推广。官话字母取汉字偏旁为其字母形式、使用两拼法拼切京音官话,便于下层平民、妇女儿童学习,"于是创为喉音及音母字共若干,皆假借旧字减笔为偏旁形,概用两拼,使愚稚易习"(王照1957)。清末十年间,王照的官话字母曾经"传习至十三省之境",编印的"初学修身伦理历史地理地文植物动物外交等拼音官话书,销至六万余部"(王照1957),在北方几省影响很大。王照官话字母接续明清以来南音、北音官话之争的流风余韵明确了北音官话的京音标准,同时秉承切音字运动字母拼切方音的思潮制订了汉字偏旁两拼的字母方案,为京音官话提供了基本的拼写法和教学法,为京音官话在清末十年间不断拓展地域空间、社会阶层提供了物质基础和技术准备,是该时期语文改革的先行者。

官话字母在京津、直隶民众中的教习和传播引起南方各省关注,浙江人劳乃宣[①]增撰官话字母以就当地方音制订合声简字,开始在南方几省教习。劳乃宣在《江宁简字半日学堂师范班开学演说文》(载《简字谱录》,1957)一文中认为汉语方言存在显著差异,南方方言区学习京音官话比较困难,官话字母因而失去易学易记、易于普及的优势,因此官话字母应该增撰为合声简字,教习民众先学方音再学京音,经历"两级阶城""两次办法"的学习过程。1905年,在王照原来方案的基础上,劳乃宣增加南京音和苏州音的声韵母,修订成"宁音谱"和"吴音谱",后又增闽广音的声韵母,修订成"闽广音谱",这三个谱连同原来的京音官话字母合成一部《简字全谱》,于1907年在南京出版。1905年,劳乃宣请两江总督周馥、江苏巡抚陈夔龙、安徽巡抚恩铭奏准在江宁(南京)设立"简字半日学堂",先教宁音后学京音,先后办了10期,毕业数百人,转相传授合声简字于江浙两省。1906年,直隶总督袁世凯札饬提学司要求在天津仿照江宁设立简字学堂,教授官话字母。南京等地的合声简字随地增撰字母以就方音简单易行,简字半日学堂有周馥、端方等封疆大吏的支持,以(准)官方的身份从事普及教育,在南方诸省影响日盛。1908年,南京初等小学堂拟设简字科,合声简字由社会普及教育进入学校正式教育。劳乃宣合声简字是王照官话字母在南方地区的更新和发展,将官话字母的影响由京津、直隶扩展至江苏、浙江等省,由北音官话区扩展至南音官话区乃至南方

[①] 劳乃宣(1843—1921),字季瑄,号玉初,晚年号矩叟,又号韧叟,原籍浙江桐乡,生于河北广平,在江南长大。

方言区。据《广益丛报》1907年第141期所载《川东官话字母学堂招生》等文献可知，相对于王照官话字母在北方几省的民间传习，劳乃宣的合声简字在南方地区的传习获得了数位地方大员的支持，得以（准）官方资格在知识阶层和学堂教育中推行，因此合声简字不仅在地域空间上，也在社会阶层上大大拓展了官话字母（合声简字）的使用空间和语言声望。

1.2 清廷学部章程奏折中的官音官话

作为清末方音口语中优势变体，京音官话（及其拼音方案）在试图不断扩大和提升其使用空间的过程中，遭遇的不仅仅是来自南方地区汉语方音的整合博弈，同时还要面对来自清廷中央书面文言的拒绝排斥。清末十年的清廷学部仍以"三十六母""四呼四收"的历史音为官韵正统，京音官话被视作与通俗文共生的下层语音，在清廷当时以经学和文学为主导的学堂教育中，官音官话教习在学堂教育中不占重要位置。至20世纪初，受西方（尤其日本）现代民族思想和学校教育模式的影响，伴随清廷学制改革，学部的章程、奏折开始关注官音官话教习相关事宜。

1904年，张百熙、荣庆、张之洞等奏拟《奏定学堂章程》，清廷学部颁行，其学务纲要第二十四条以"统一天下语言"为目的提出"各学堂皆学官音"的教学要求，要求自师范及高等小学堂的中国文一科内附入官话一门，以《圣谕广训直解》为教材，各省学堂教学使用语言力求官音。相较于切音字运动"普及教育"的主张，清廷学堂章程的官音条款更加强调"统一语言"的目标，试图通过学堂的官音教学在识字阶层中实现语言一致，从而实现口语上的同文之治。然而，学堂章程的官音条款虽然有"小学堂教字母拼音"的提法，但只是笼而统之一笔带过，没有明确的拼写规则，无视当时流传于南北诸行省的各种拼音（字母）方案。其次，学堂章程的官音条款以《圣谕广训直解》为官音课本，只是含混提及"虽不能遵如生长京师者之圆熟，但必须读字清真，音韵朗畅"的语音标准，并没有明确提出"京音官话"的语音标准，对当时南北地方盛行的"京话""方音"讨论亦无涉猎。因此，清廷学部的奏定学堂章程虽然提出官音教习的要求，但清廷学部对于各省切音字方案多持否定态度，清廷官韵与切音字方案主张拼切方音口语的诸音系有根本差异。从《清末文字改革文集》（1958）中收录的《学部咨外务部文》可知，卢戆章将其切音新字呈清廷外务部，后经学部译学馆文典处考定后，认为切音新字有"声母不完全""韵母无入声"以及"写法乖谬"三种疏漏，因此"自难用为定本，通行各省"。1906年，伴随普及教育、统一语言思潮的深入发展，官话字母、合声简字在南北行省之间的日渐传播，清廷学部的官音官话教学比重开始有所提升，学部开始议及学堂添设官话科，官话不再作为国文科的附属内容，但直至1908、1909年间，清廷学部对于劳乃宣两次奏请合声简字用于普及教育仍然不议不奏，没有认定官话字母、合声字母的官方地位。

1909年，清廷立宪在即，学部推行教育改革上"奏分年筹备事宜折"，又上"奏酌量变通初等小学堂办法折"，其中涉及语文教育若干项，尤以简易识字、官话传习和调整小学堂经学课时为最。《直隶教育官报》1909年第6期所刊学部"奏分年筹备事宜折"按年开具简明清单，以"普及普通教育""以求上下一心"为改革宗旨，从章程、课本、机构以及统计、考核等层面入手，在教育领域推行简易识字与官话传习。较"奏定学堂章程"官音条款，学部"奏分年筹备事宜折"在统一语言之外同时提出"普及普通教育"的主张，将官话传习作为学堂语文教育的基本科目加以考量，开始将官话传习提高至简易识字甚至经学教育同等的层面进行讨论，提升并扩展了官话传习在语文教育领域的学科地位和教学空间。但是由于学部力图恪守唐宋以来官韵正统，对于十数年间流传于南北行省间的方音口语思潮持基本否定态度，"奏分年筹备事宜折"仍然只字未提推广于十数省的官话字母、合声简字，官话传习筹备清单虽然提出编定新官话课本以替代《圣谕广训直解》等传统白话教材，并要求师范至中小学堂均添设官话科等，但是只有总纲却无细则，学部的官话传习在很大程度上只是无源之水、无根之木。因此"奏分年筹备事宜折"所议的简易识字和官话传习两种语文普及方式，简易识字由于是传统语文教学固有内容，较之官话传习更少引起争议，因此实施也更加顺利；官话传习则由于方音、字母在教育领域较低的认同度面临很大程度的拒绝和排斥，实施推行相对复杂困难。

二 教育界对于国语的提倡和清廷的统一国语办法案

20世纪初，在普及教育、统一语言的社会思潮中，清廷中央与地方行省在恪守官韵正统（文言书面音）和扩大官话教习（口语方音）之间的不平衡性加剧，进一步动摇了清末10年汉语语言生态的基本机构。面对日渐衰落的文言书面语，以京音官话为代表的汉语方言口语逐渐加速其拓展地域空间和提升社会阶层的语言变革历程，为国语概念在清末10年间的重新解释和官方认定提供了社会空间和历史机遇。

2.1 吴汝纶传入国语概念和合声简字引起的争议

1902年，京师大学堂总教习、桐城派古文家吴汝纶[①]考察日本后，将"国语"概念引入中国。吴汝纶《土屋弘来书》（1957）认为"国语"可以"助团体之凝结，增长爱

[①] 吴汝纶（1840—1903），字挚甫，一字挚父，安徽桐城人，晚清教育家、文学家。

国心"。吴汝纶上书学部大臣张百熙的《上张管学书》（1957）提出利用"省笔字"（即王照的官话合声字母）仿办日本学校的"国语读本"，主张用北京口语编写国语书面语教材在学堂教习，"日本学校，必有国语读本，吾若效之，则省笔字不可不仿办矣"。1903年，直隶大学堂学生王用舟等上书直隶总督袁世凯，恳请颁行官话字母，设普通国语科，文中虽然没有关于"普通国语科"的明确界定，但由上下文可以推出应该是一种"以语言代文字，以字母记语言"用于多数人教育的语言，与吴汝纶效仿日本利用省笔字编定国语读本的主张类同（王用舟等1958）。相较于官方奏章，民间白话报刊更加明确地讨论国语教育的定义和目的，更为直接地揭示了国语教育与经学教育的矛盾。三爱（1904）认为国语教育是在蒙小学堂里"教本国的话"，"用本国通用的俗话编成课本"，认为有了国语教育"全国人才能够说一样的话"。《广益丛报》1905年第62、63、64期所刊《奏定小学章程平议》将《奏定小学章程》的语言类科目与日本小学国语科进行比较，认为中国初高等小学堂的读经讲经科、中国文字（文学）科"经学多而文字少"，既没有国语教育读本也没有固定的外国语科目，主张中国小学堂应该学习日本"毅然删去讲经读经一科，将经籍要义归并修身科，复纂读本以授普通智识与普通文字"，使用"浅近之普通智识"和"浅近之普通文字"。

在方言差异由来已久、南北音官话之争仍留余响的清末十年，各种因素（包括地域的、阶层的、历史的、国际的等）纠结并存，交叉影响，京音官话扩展地域空间和提升社会阶层的尝试自然不是一个平铺直叙、简单直接的社会过程。伴随合声简字在南方几省的教习和推广，劳氏所建构的由方音到京音的语音学习、认同模式逐渐受到时人关注并引发争议。合声简字虽然易于教习、利于传播，但却有违中国历来的语文传统，与清廷学部的官韵正统亦是大相径庭，《清末文字改革文集》（文字改革出版社1958）中所刊《中外日报评劳乃宣合声简字》一文收录了当时报章质疑合声简字的有关情况，认为"随地添撰字母"导致"语文分裂"，违背"同文之治"，认为用于普及教育的官话字母不应该随地增撰为合声字母传习方音以就南方各省，而应该"强南以就北"直接教授京音官话以实现语言统一。劳乃宣则在《致中外日报馆书》一文中认为拼切方音的合声简字是南方各省推广官话字母必经的第一阶段，"文字简易"（方音）是"语言统一"（京音）的基础，强调先学方音再学京音的"两级阶城""两次办法"是南方各省学习官话字母不得不采取的方法，不得不经历的阶段，因此解决当前的语言问题，实现语言统一不应该"强南以就北"，而应该"引南以归北"。（劳乃宣1957）虽然劳乃宣对于合声简字由方音到京音的"两级阶城""两次办法"多有辩解，但由于南京等地简字学堂多数毕业生毕业后只通本地方音不解北音，因此《广益丛报》1906年第116期所刊《江督拟奏颁新编南音简字》、1907年第138期所刊《江督议裁简字学堂》等文均批评合声简字不仅难以实现劳乃宣"两级阶城""两次办法"中第二级"阶城"、第二次"办法"，而且会导致"南北不同语文"，甚至还会由于"区各省府州县之语言为无量种数"，导致"南与南亦不同语文"。茅谦（1906）认为合声简字由方音至京音的"两级阶城""两次办法"在南京、安庆等江北地区（南音官话区）已是难以完全实现，在徽州、苏州等江南地区（南方方言区）则更是加倍困难，自此以京音官话为语音标准的国语概念逐渐在南方几省受到关注和提倡。

2.2　江谦的国语教育思想

1910年，徽州人江谦[①]（1910）提出"合声简字国语"概念，认为"初等小学前三年"教学"合声简字国语"是普及教育的必由之路。《小学教育改良刍议》提出使用合声简字国语的四条理由，即（一）易学易用；（二）在中流以下普及教育中的作用；（三）与普通国文在小学语文教育中的轻重缓急和利弊得失；（四）统一国语的工具。文章又从简字字典和教科书、小学简字国语课程、简字国语教授法和师资、京音与方音各自的使用范围以及国文教学中汉字与简字的关系等方面提出了推广简字教育的几种办法。江谦的"合声简字国语"概念秉承19世纪末切音字运动以来普及教育、统一语言的语言主张，在清廷推广官话传习、强调国文教学的教育改革中，将劳乃宣合声简字与清末初等小学堂语文教育改革相结合提出合声简字国语概念和国语教育思想。江谦的国语教育思想从拼音方式、使用领域、社会声望和发展前景四个层面对国语进行了明确的界定：（一）国语教育利用合声简字的形式学习字母拼音；（二）国语教育用于初等小学语文教育和简易识字教育；（三）国语教育与国文教育存在互补关系；（四）国语教育是"通古通今，宜南宜北"统一语言的工具。同年，时任清政府资政院[②]议员的江谦与32位议员连署《质问学部分年筹办国语教育说帖》，该说帖进一步提出"语体""标准语""国语辞典""国语编查委员会"等国语相关问题，再次强调合声字拼合国语的必要性。（江谦1910）《质问学部分年筹办国语教育说帖》明确京音标准和国语称谓，在江谦的国语教育思想乃至清末国语概念中具有标志意义。该说帖进一步明确"京音官话"在国语中的标准地位，修正此前承自劳乃宣合声简字的京音、方音并存的语言观念，并正式提出用"国语"替代"官话"，以表示普及教育统一语言的思想，"凡百创作，正名为先，官话之称，名义无当。话属之官，则农工商兵，非所宜习，非所以示普及之意，正统一之名，将来奏请颁布此项课本时，是否须改为国语读本，以定名称"。1911年，江谦发表《敬告讨

[①]　江谦（1876—1942），徽州婺源（今江西婺源）人，近代教育家。
[②]　1910年9月，清政府立宪成立的议会准备机构，1912年初由民国临时参议院替代。

论国语教育诸君》一文,将"简字国语"改为"拼音字国语",明确界定"拼音字"与"国文""汉字"的不同语言功能、各自的使用空间以及拼音字国语的定义,"汉字之当改良与否及如何改良之法,此亦为论者牵合之一疑问。夫汉字之改良屡矣,举其大端之历史言之,则古文也,而小篆而隶而草,至于将来改良之法,无论如何,恐亦无大违乎。前者之原则,所谓原则,则形之省便是也。然此为别一问题,而非国语教育所用之拼音字,拼音字者纯为国语教育之作用,而与国文所用之汉字无关也,此当辨者"。同时提出国语教育中的语音标准、拼音方案和语法课本,分析学部官话教学与国语教育的区别,认为没有语音标准、拼音方案和语法课本的官话教学不足以称为国语教育。该文最后强调国语教育中的语音教学(口语)的倾向,区别了官话课本与白话报体例的差异,界定了官话/方音与白话/文言两对概念,认为白话的实质是"但缀语体避去文言",是智识的学习;官话课本的核心则是"用拼音字或形字而旁注音标",是国语的学习。

在清末十年急剧动荡的社会生活和语言生态中,伴随汉语书面历史变体与口语方言变体之间力量此消彼长的变化,京音官话作为明清以来逐渐具有优势地位的一地自然语音日益获得更为广阔的地域空间,并试图攀升更加上层的社会阶层。官话字母在北方诸省的教习和传播为京音官话提供了拼写法基础和教学法实践,是清末京音官话向国语过渡的物质基础和技术准备。而合声简字在两江地区的影响以及争议,为南方几省传习京音官话,讨论京音官话的教育功能、社会认同提供了地域空间和社会阶层两个维度的思考和实践。江谦的国语教育思想则将京音合声简字(拼音字)与初等小学语文教育改革相结合提出国语教育的概念,强调国语概念的口语来源、拼音方式,修正合声简字由方音至京音的思想,明确京音官话的标准音地位,在地域空间和社会阶层的交叉影响中以小学语文教育中的京音拼音字教学为切入点,是清末十年官话、国语概念的历史转换的关键一步。

2.3 清廷的统一国语办法案

20世纪初,在立宪风潮冲击之下,统一国语办法案由清廷学部中央教育会议议决,以京音官话为标准的国语概念开始走向国家层面的认定。1911年,江宁(南京)程先甲等45人提出"陈请资政院提议变通学部筹备清单官话传习所办法用简字教授官话说帖",要求用简字教授官话国语。同年,江谦审查"采用音标试办国语教育案"并向资政院提出报告书(1911),报告书首先强调"官话简字"是传统反切的继承和发展以及对国语教育的作用,同时提出四条修正意见:(一)正名,将简字改名音标;(二)试办,以宣统三年为试办时期;(三)审择标准,由学部审择修订民间一种拼音字,奏请钦定颁行;(四)规定用法,规定汉文读音、拼合国语的用法。该报告书获多数赞成通过,但是学部并未会奏。同年，清廷学部中央教育会召开，会员共196人，张謇为正会长，张元济为副会长，学部大臣交议提交"统一国语办法案"获多数可决通过，另有学部交议的"国语音韵释例案"，则已议而未决。"统一国语办法案"提出调查、选择及编纂、审定音声话之标准和定音标五项办法：（一）设立国语调查会调查国语的语词、语法和音韵；（二）选择雅正通行之语词语法音韵，编纂国语课本、语典和方言对照表等；（三）明确以京音、四声和官话为标准；（四）订定音标；（五）设立国语传习所并于学堂教习。

清末十年间遭遇中国千年以来之大变革，明清以来孕育数百年的优势方音口语——官话，于清末政治变革和国家更替之际，在普及教育统一语言的社会思潮中，一变而为现代中国标准语言——国语，这一官话、国语概念的历史转换是承接近代中国语文运动，开启现代中国语言政策的重大事件，具有勾连古今、承上启下的深远意义。清代以来，八旗贵族历来有"国语骑射"的教育传统，但彼时的"国语"是满族的民族语言——满语，同时由于汉语文言的强大传统优势，汉语官话虽然是清代社会通行地域最广、使用人口最多的交际口语，但在政治和教育层面并没有明确的地位和认定。伴随清末民间切音字运动的发展和南方几省国语概念的提倡，清廷学部自1904年的"奏定学堂章程"至1909年学部"奏分年筹备清单折"，再至1911年中央教育会议的"统一国语办法案"，官方教育领域的"官音官话传习"主张终为"统一国语"理念所替代，数百年孕育发展的官话（尤其是京音官话）于20世纪初开始以国语（国家语言）的面貌进入现代中国社会，实现清末十年间官话、国语概念的历史转换。

三 普通话概念的提出和地位确立

古今交替、中西交汇的社会状况伴生潮流涌动、纷繁复杂的语言生态，切音字运动不仅为国语概念的提倡准备了语言基础，同时也为普通话概念的提出提供了语言环境。普通话提出于20世纪初的切音字运动，在20世纪30年代的拉丁化新文字运动获得再次解释，最终于20世纪50年代由中央政府加以最终界定并强力推广。

3.1 清末民国时期普通话概念的提出和重新解释

1906年，朱文熊在《江苏新字母》一书中把当时的汉语分为"国文""普通话"和"俗语"三类，其中"国文""俗语"分别指"文言"和"方言"，普通话则指"各省通行之话"。（朱文熊1957）在官话概念孳乳既久、国语概念开始为朝野逐渐认识的清末时期，朱文熊提出以普通话表示"各省通行之话"替换此前的官话概念，展现了清末复杂语言生态中的另一个层面：即由于使用者人口和阶层上的扩大，原有的官话概念已经不足以支撑20世纪初中国各省之间的通用语,"大概学校教育推行以后,知识分子大量的加多,官话的需要也加大,而说官话的人大部分并不是官或官的附属人物,因此就有了普通话这个名称"(朱自清1948)。然而由于朱文熊的方案在切音字运动中并非主流,影响不广,因此在清末同文之治与切音字母、官话与方言的大讨论中,普通话概念没有像国语的概念那样伴随民族主义思潮而声名日重,而只是成为某些特殊语境中用来解释具体交际语言的一时权宜之词。

20世纪30年代,经历了民国时期声势浩大的国语运动,清末以来的国语概念逐步确立了其现代国家标准语言的合法地位,清末的普通话概念则由于拉丁化新文字运动的重新解释再次进入中国的语言生活。1931年,瞿秋白在其长文《鬼门关以外的战争》中对普通话进行了详细的解说。首先,瞿秋白肯定"普通话"与"国语"的相似性,"现在一般社会生活发展结果,所谓五方杂处的地方是'文化的、政治的、经济的中心',能够影响各地方的土语自然而然的叫大家避开自己土话之中的特别说法和口音,逐渐形成一种普通话。这种普通话大半和以前'国语统一筹备会'审定的口音相同,大致和所谓北京官话的说法相同"。其次,瞿秋白强调"普通话"与"国语"的差异性,"这种普通话不必叫做国语。因为:第一、各地方的土话在特别需要的时候,应该加入普通话的文章里。第二、各地方的方言——例如广东话、福建话、江浙等等话,应当有单独存在的权利,不能够勉强去统一的"(瞿秋白1989)。民国中后期的拉丁化新文字运动在文字形式、标准语音以及语体文风等基本问题上均提出与当时国民政府语言政策相区别的观念主张,如以"拉丁化新文字"区别"注音字母"和"国罗字母"、以"普通话"区别"国语"以及以"大众语"区别"五四白话"等,其中"普通话"概念的提出重新解释了清末民国以来日益壮大的汉语口语交际语言,认为普通话与"国语统一筹备会"审定的口音(北京官话)大致相同,但是普通话中也包含各地土话并认可各地方言独立存在。民国前20年,经历由老国音向新国音(京音)的转变,国语音系基本与北京音一致,各地土话在国语中所占比重日渐细微,且"国语统一筹备会"在国音之外又制订了润音(方音)对照表,明确了国语与方言的语音区别,并于1935年将"国语统一筹备会"改名为"国语推行委员会",于各方言区大力推广国语;瞿氏普通话概念则更倾向于一种在语音上以北京官话为基础、在词汇上掺杂其他土话的区域共同语,"官话也罢,普通话也罢,大概都掺杂着一些文言成分和各种方言成分",并且认为该种共同语不以语言统一为目的,仅以自发自然的状态与各地方言同时并存,"五四运动发展了白话文,也发展了国语。白话文走着普通话的道路;国语大体上走着北平话的道路,可也走着别支官话的道路。白话文和国语的白话确实很不一致的。白话文用各种官话做底子,加上欧化,语录和旧小说,文言,这才够用,可是疙里疙瘩的说不上口"(朱自清1948)。

3.2 新中国成立初期普通话的内容界定和强力推广

20世纪50年代初,现代汉语标准语音经历了民国时期国语运动30年来的确立与完善,加之中华人民共和国成立之后以北京为政治中心,北京语音的优势进一步巩固,同时现代汉语词汇、语法以及语体的研究在烽火连天的40年代也获得了相当的进展。加之现代社会的技术进步和文化剧变,尤其是小学教育普及和新闻广播发展,中华人民共和国成立之后北京语音的学习推广较之民国时期拥有更大的社会基础和物质条件,确立现代中国标准语言在口语和书面语层面的规范成为中华人民共和国成立之初迫切需要解决并且有条件解决的语言问题之一。

1954年6月,《中国语文》发表了王力的《论汉族标准语》、周祖谟的《根据斯大林的学说论汉语标准语和方言问题》等4篇文章,对汉民族共同语的定义和原则进行了界定,提出了地点方言的代表作用、标准语和共同语的区别以及汉族标准语应以北京话为基础等观点,并为多数讨论者接受。1955年召开的"全国文字改革会议""现代汉语规范问题学术会议",最终将普通话界定为以北方话为基础方言、以北京语音为标准音的汉民族共同语,并强调普通话是汉语历史演变的自然结果。1956年2月,国务院发布《关于推广普通话的指示》,对普通话的定义、推广再次进行明确规定,提出"以北京语音为标准音、以北方话为基础方言、以典范的现代白话文著作为语法规范的普通话"。1957年6—7月,教育部、文改会提出"大力提倡,重点推行,逐步提高"的推普方针。同文字形式、语音标准一样,词汇、语法和语体文风同样是当时面临的重要语言问题。1951年6月,《人民日报》发表社论,认为当时的报纸、杂志、书籍上的文字以及党和政府机关的文件存在许多不能容忍的混乱状况,吕叔湘、朱德熙则受邀于《人民日报》连载《语法修辞讲话》。1954年初,人民教育出版社汉语编辑室经过两年多努力最后形成《暂拟汉语教学语法系统》,1955年10月,中国科学院哲学社会科学学部在北京召开现代汉语规范问题学术会议,从学术上、政策上讨论总结新中国词汇语法研究的基本内容和语体文风的基本形式,会议最后形成《现代汉语规范问题学术会议决议》并提出6条建议。1957年7月,在青岛举行现代汉语语法问题座谈会,与会专家最后同意中学语法教学采用这个语法系统。1959年年底《现代汉语词典》完成初稿,1965年5月《现代汉语词典》(试用本)送审稿分上下册由商务印书馆印出,1978年《现代汉语词典》(修订本)出版。

普通话的界定和现代汉语规范化的提出是中华人民共和国成立之初对于清末民初以来官话、国语以及普通话诸概念的总结和完善,在语音层面继承了民国时期国语统一筹备会制订的京音标准,在词汇、语法等层面则倾向于拉丁化新文字的普通话(大众语）概念，在确认和实施现代汉语标准语言语音层面标准的同时，整理和统一现代汉语词汇和语法等层面的规范。

四 结语

由官话至国语再至普通话，现代中国通用语言的形成和确认是一个漫长而复杂的历史选择过程。明清时期，官话经历了几百年的发展逐渐形成一种具有优势地位的区域交际语言。至20世纪初，官话转换为国语进入迅速发展时期，在使用人口、使用地域急剧扩张的同时寻求政治上的初步认定。中华人民共和国成立之后，国语转换为普通话被界定为中国汉民族共同语并最终确立其官方地位，同时通过国家强力行政干预的方式将其推向整个社会语言生活。

4.1 国语对于官话的历史继承和概念转换

清末十年间，明清以来孕育数百年的优势汉语方言口语——京音官话，于纷繁复杂、多元分层的语言生态中不断整合、重新定义，不断拓展和提升自身的地域空间和社会阶层，于清廷倾覆之际开始向现代国语概念蜕变，揭开了现代中国标准语言确立的历史序幕。

京音官话标准的明确和音标形式的确定是清末官话、国语概念历史过渡的关键内容。通行于辽阔地域、众多人口的汉语官话一直以来有"南音北音"之争和"蓝青官话"之称，不仅内部存在差异，而且没有明确标准。清末十年间官话字母、合声简字的制订与传播为统一官话、确立京音标准提供了语言和社会基础，而南方几省对国语的提倡将京音官话这一方言口语变体推向更为广阔、更加上层的地域和社会空间，提升了京音官话作为国语的社会地位与语言声望。与此同时，伴随官话字母、合声简字等切音字方案的制订和传播，利用字母拼音（音标）教习汉语口语方言逐渐为社会所了解和认同，与汉语口语方言共生的字母拼音方案因此由明清以来的地方、宗教层面逐渐向中央、教育领域延展，由多个方言土语方案并存逐渐向京音官话方案集中。

国语概念在小学语文教育中的提倡和实践是清末官话、国语概念历史过渡的重要路径，是此后现代中国语文运动和语言政策的基本模式之一。汉语方言差异显著，由京音官话至宁音官话，由北音官话区至南音官话区，由北方方言区至南方方言区，再至南方诸方言区之间，差异度逐渐递增；传统文言数千年来占据了书面语使用的主流，既承载了儒家的传统思想又积累了无数的历史文献，明清以来以官话为代表的通俗文始终停留于书面语的下层且不为知识阶层所看重。清末十年，知识教育界在普及教育、统一语言的社会共识中，面对清末语言生态中的地域、社会差异，面对中央与地方、北方与南方不尽相同的语言状况和语言态度，以小学语文教育中的京音官话教学为国语提倡和实践的切入点和突破口，使得朝野上下、南北各地逐渐在语文教育领域达成某种程度的共识，"国语统一办法案"最终由清政府中央教育会议议决，最终实现清廷对于国语概念的重新解释和官方认定。

4.2 普通话对于国语的历史继承和概念转换

普通话一词导源于切音字运动，重新解释于拉丁化新文字运动，最终界定并强力推广于中华人民共和国成立之后。清末、民国时期普通话的提出和解释均为民间立场，作为与"官话""国语"相区别的一个语言概念，它所包含的语言内容和社会功能体现了现代汉语语言生态的生命力和复杂性，表达了异于"官话""国语"概念的语言诉求。

普通话界定为现代汉民族共同语，并在词汇语法等层面进行的学理总结和权威认定是中华人民共和国成立初期国语、普通话概念历史转换的关键内容。民国时期30余年的国语运动在语音层面的努力和成就彪炳史册，国音的确立和国音字母的制订将切音字运动以来的方音口语潮流通过学术团体和政府机构的形式加以制度化。然而，经历了20世纪20年代小学读经、30年代大众语运动等数次社会影响颇深的语言争论和反复，国语运动在词汇和语法等层面的标准和规范依然滞后于语音层面。中华人民共和国成立初期，语言研究界梳理和总结了三四十年代词汇语法以及修辞等层面的学术研究成果，以权威学术会议和权威词典的形式进行现代汉语规范化，在某种意义上改变了民国以来汉语语体层面各执一端、争执四起的语言状况，普通话在更加完整的层面继承和转换了国语的概念。

普通话通过国家强力推广是中华人民共和国成立之后国语、普通话概念历史转换的重要路径。民国时期的国语经由国语运动30年的发展在学理准备和社会地位方面均有长足进展，但是社会普及，尤其是社会中下层的推广却明显不足，至三四十年代，由于战争的影响，国民政府的诸多国语推广政策实施范围大为缩小甚至是一纸空文。中华人民共和国成立初期，普通话一经正式确立，政府便由中央至地方、由教育领域至其他领域强力宣传和推广，急速拓展了民国时期国语推广的地理范围和社会空间，普通话在更加广泛的层面继承和转换了国语的概念。

参考文献

程先甲等：《陈请资政院提议变通学部筹备清单官话传习所办法用简字教授官话说帖》，载《清末文字改革文集》，文字改革出版社，1958年。
崔明海：《语言观念的变迁：北京语音如何成为近代国语标准音》，《北京社会科学》2008年第2期。
费锦昌主编：《中国语文现代化百年记事（1892—1995）》，语文出版社，1997年。

江　谦：《小学教育改良刍议》，《广益丛报》1910年第254—255期。
江　谦：《敬告讨论国语教育诸君》，《通州师范校友会杂志》1911年第1期。
江　谦：《审查采用音标试办国语教育案报告资政院书》，《通州师范校友会杂志》1911年第1期。
劳乃宣：《简字谱录》，文字改革出版社，1957年。
黎锦熙：《国语运动史纲》，商务印书馆，1935年。
黎锦熙：《国语新文字论》，北京师范大学出版社，1951年。
黎锦熙：《汉语发展过程和汉语规范化》，江苏人民出版社，1957年。
李宇明：《清末文字改革家的方言观》，《方言》2002年第3期。
李宇明：《清末文字改革家论语言统一》，《语言教学与研究》2003年第2期。
李宇明：《切音字的内涵和外延》，《福建师范大学学报》（哲学社会科学版）2005年第3期。
罗志田：《革命的形成：清季十年的转折》（上）（中）（下），《近代史研究》2012年第3、6期，2013年第6期。
茅　谦：《与高淳县提倡学务诸公普劝江皖以南练习简字官话预备国家立宪推举议员于京朝议事书》，《江西官报》1906年第11期。
倪海曙：《中国语文的新生》，时代出版社，1949年。
瞿秋白：《鬼门关以外的战争》，载《瞿秋白文集·文学编》第3卷，人民文学出版社，1989年。
全国文字改革会议秘书处编：《第一次全国文字改革会议文件汇编》，文字改革出版社，1957年。
人民出版社编：《中国文字改革的第一步》，人民出版社，1956年。
三　爱：《国语教育》，《安徽俗话报》1904年第1期。
王用舟等：《直隶大学堂学生王用舟、何凤华、刘奇峰、张官云、世英、祥懋等谨禀为恳祈宫保大人奏明　颁行官话字母　设普通国语学科　以开民智而救大局事》，载《清末文字改革文集》，文字改革出版社，1958年。
王　照：《官话合声字母》，文字改革出版社，1957年。
王　照：《官话合声字母原序》（一），载《清末文字改革文集》，文字改革出版社，1958年。
文字改革出版社编：《清末文字改革文集》，文字改革出版社，1958年。
文字改革出版社编：《文字改革笔谈》第一辑、第二辑，文字改革出版社，1958年。
吴汝纶：《上张管学书》，载《官话合声字母》（影印本），文字改革出版社，1957年。
吴汝纶：《土屋弘来书》，载《官话合声字母》（影印本），文字改革出版社，1957年。
吴玉章：《文字改革文集》，中国人民大学出版社，1978年。
现代汉语规范问题学术会议秘书处：《现代汉语规范问题学术会议文件汇编》，科学出版社，1956年。
周有光：《汉字改革概论》，文字改革出版社，1961年。
朱文雄：《江苏新字母》，文字改革出版社，1957年。
朱自清：《国语与普通话》，《周论》1948年1卷21期。

The Historical Inheritance and Concept Transformation of Mandarin, National Language and Putonghua

Huang Xiaolei

Abstract: Mandarin, National Language and Putonghua are three basic terms and also important contents of linguistic ecosystem particularly the ecosystem of the Chinese language in modern China. The historical inheritance and concept transformation of them embody the gestation and growth of the standard language in modern China. In the long complex historical development of the standard language in modern China, with the changes of regimes, there are two key periods related to the historical inheritance and ceoncept transformation of the three terms, one being the regime change from late Qing Dynasty to the Republic of China in the early 20th century, and the other being the regime change from the Republic of China to the People's Republic of China in the late 1940s and early 1950s.

Keywords: Mandarin; National Language; Putonghua

（通信地址：100081 北京 中国社会科学院民族学与人类学研究所）

2017年度民族语言应用研究综述

王　锋　燕海雄　尹蔚彬　张　军　黄晓蕾　龙从军

提要： 本文按照科学保护各民族语言文字理论、民族语言文字使用与语言国情、民族语言规划与政策、民族语言文字信息化（计算语言学）、民汉双语教育、民族语言生态建设、濒危民族语言保护等研究方向，概述了2017年度国内民族语言应用研究的主要成果及其学术要点，以期对民族语言应用研究的年度发展有总体认识，并对今后的研究有所借鉴。

关键词： 2017年　民族语言　应用研究　综述

2017年度，在"科学保护各民族语言文字"的指导意见基础上，党和国家又对优秀传统文化保护和中华民族共有精神家园等提出了新要求，民族语言应用研究进一步丰富了内涵，取得了新的进展。以下按照科学保护各民族语言文字理论、民族语言文字使用与语言国情、民族语言规划与政策、民族语言文字信息化（计算语言学方向）、民汉双语教育、民族语言生态建设、濒危民族语言保护共七个方面的研究方向分别概述。

一　科学保护各民族语言文字理论研究

思想认识是实践工作的基础。"科学保护各民族语言文字"，是新时期党和国家关于民族语言文字工作总的指导方针。对这一方针思想内涵的阐述以及实践路径的探索，是民族语言应用学科的重要内容。

戴庆厦（2017：185—188）对"语言保护"政策实施五年的实践进行了回顾，认为实行"语言保护"政策是促进现代化建设的有力保障，符合多民族的共同利益，是解决多民族国家的语言问题的重要举措，具有世界性意义。"语言保护"必须处理好强势语言和弱势语言、语言互补和语言竞争、母语使用和通用语兼用、不同语言的共性和个性等关系，必须针对不同语言对症下药，而不能简单化，搞"一刀切"。丁文楼（2017：1—5）指出，我国是个多民族、多语言、多文字的国家，各民族语言文字都是珍贵的资源，"科学保护各民族语言文字"是新时期我国的语言国策。双语教育是"科学保护各民语言文字"的根本途径。满语教学的"本溪模式"值得学习和推广。其核心是政府、学校、社会共同配合，形成工作系统性。以上研究系统提出了科学保护各民族语言文字的工作原则和基本途径，具有积极的指导意义。

科学保护各民族语言文字的理论研究具有重要意义。对"科学保护各民族语言文字"的丰富内涵进行系统阐释，深入分析民族语言文字保护工作的理论和实践问题，提出对策建议，推进各民族语言文字协调、和谐、可持续发展，在工作理念、发展目标、实施路径都有指导作用，可以说是新时期民族语言文字工作的总纲领。但总的来看，这一方面的研究仍然十分薄弱，只有孙宏开、戴庆厦等少数专家进行持续的研究，民族语言文字管理、教学、应用等领域的专家和学者没有深度参与，尤其是没有结合具体保护实践进行理论探讨，因此，"科学保护各民族语言文字"方针如何落实在各民族地区的语言文字工作中，目前仍是亟待研究的课题。

二　语言使用国情研究

2017年民族语言国情的研究成果主要集中在三个方面：第一，语言使用现状调查；第二，语言态度调查；第三，语言使用问题研究。这些成果进一步促进了语言国情研究的深化。

语言使用现状调查以图瓦语、黎语以及佤语的使用现状为例。李圃（2017：155—162）的调查表明，该村图瓦人图瓦语普遍熟练，母语基本稳固，但母语的功能被限制在较为有限的范围，基本只在图瓦人家庭内部和图瓦人特有的某些节日和集会上使用；图瓦人中双语和多语的人口比例很大，中青年达到了100%。另有一个明显的趋势是近年青少年汉语水平提高迅速，虽然出现了青少年图瓦语水平有所下降的趋势，但暂时还未出现图瓦人转用其他语言的现象。宋安琪（2017：15—21）以海南昌江黎族自治县为调查点，采用问卷调查形式调查307名黎族青少年，现今90%的黎族青少年是双语身份，普通话已经成为新生代黎族人群的主要语言，尤其在公共场合，普通话已经是主体语言。约45%的青少年掌握了黎语，但是使用场合有限，只在家庭场合占据微弱优势。语言兼用情况在黎族青少年群体中较普遍。卿雪华、王俊清（2017：15—18）认为岳宋佤族"全民稳固使用佤语"的因素主要是民族高度聚居和地理环境相对封闭；族内婚姻及高度的母语认同感使佤语的代际传承稳定。

语言态度现状调查主要涉及不同的人群、不同的职业以及不同的语域等因素。王娟（2017：170—176）通过对新疆维吾尔族大学生语言态度的调查，发现维吾尔族大学生对维吾尔语的认同感相对较强，对国家通用语的认同感相对较弱。影响维吾尔族大学生对维吾尔语的语言态度的因素有父母亲对维吾尔语的语言态度、父母亲对国家通用语的语言态度。影响其对国家通用语语言态度的因素有性别、政治面貌、父母亲的语言态度等。提升维吾尔族对国家通用语言的认同感,就要在新疆推行国家通用语言和维吾尔语教育政策、重视维吾尔族女童教育、加强维吾尔族大学生党员教育、巩固普通话作为国家通用语言的地位。王远新(2017:147—160)通过调查发现:傣语是村内主要交际语,绝大多数村民为傣汉双语人。家庭和社交场合,村民主要使用傣语和汉语方言。村民对普通话和汉文社会地位评价高于傣语文,多数人希望小学加授傣语文课,更好地发展少数民族语文媒体。

语言使用问题研究主要涉及城市化和网络通信等因素。姜莉(2017:234—237)认为,随着城市化的快速发展,少数民族语言使用功能也发生了显著变化。目前,少数民族基本上都使用具有广泛群众基础的共同语,无论是在语言的选择还是在运用上都是对共同语的一种认可,少数民族母语开始呈现出显著的代际性差别。就城市而言,少数民族母语使用功能不断弱化。导致此问题产生的根本原因在于分布不集中和使用者观念发生变化等。王利众、朱丽平、赵小兵(2017:15—17)认为当今的通信及网络正在改变着人们的生活,也影响着少数民族青少年语言文字的使用环境。少数民族青少年是少数民族语言文字的传承者,他们对本民族语言文字的使用情况关系到这个民族语言文字的生存和发展。

三 语言政策和语言规划研究

本年度作为对于国家语言文字事业"十三五"规划的学术回应,语言政策、语言规划研究侧重于国外语言政策规划理论的翻译和介绍,以及对国内以往研究成果的思考和利用,以积累和沉淀近年来本土语言政策及语言规划研究的内容和成果。

3.1 语言政策和语言规划通论研究

2016年度教育部、国家语委发布国家语言文字事业"十三五"发展规划,提出了"十三五"期间语言文字事业的指导思想和发展目标,对通用语言文字、语言文字信息化、语言文字文化、语言文字工作等方面进行了整体规划。同上年度以"中国语言生活"为代表的本土语言政策、语言规划概念为学术热点不同,作为对国家语言文字事业"十三五"规划的学术回应,本年度语言政策、语言规划通论研究侧重国外语言政策规划理论的翻译、介绍和对本土此前研究成果的思考、利用,以此积累和沉淀近年来本土语言政策、语言规划研究的内容和成果。

李英姿（2017：285—289）和王寰、赵蓉晖（2017：92—96）从不同角度对《语言政策与规划的研究方法：实用指南》一书进行了详细的介绍和评价，认为该书收集、汇总和提炼了散落于各学科的语言政策与规划相关研究方法，在作为语言政策与规划实用指南的同时充实理论与实践。王春辉（2017：91—96）介绍了《语言政策与规划》一书的第一卷"理论与历史基础"，此卷的正文部分包括Thomas Ricento的一篇概述以及精心挑选的22篇经典文献。本年度语言生活绿皮书《中国语言生活状况报告（2017）》分特稿篇、专题篇、工作篇、领域篇等部分，该书已经连续11次向社会发布年度语言生活状况报告，已逐渐成为语言政策和规划领域研究的年度代表性成果。李开拓（2017：135—143）认为《中国语言生活状况报告》内容涵盖语言生活诸多领域，动态、客观、全面地反映了各年度国家语言生活状况的实态和重大舆情，潜在的功用与价值义增值的空间还很大，需要从大力宣传推介、降低获取门槛、便利参考查阅以及政府支持、官学商合作等方面寻求最佳方案。

3.2 语言政策、语言规划领域研究

本年度语言政策、语言规划领域涉及语言经济、语言舆情、语言权利和语言安全等多个领域内容，研究领域的社会跨度进一步增大，体现了语言政策与规划研究在社会领域中的纵深发展。

黄少安等（2017：29）关注近年领域研究的经济学生长点，认为语言经济学不仅有一系列的理论问题和理论构架，而且有着广泛而重要的应用领域。魏晖（2017：32—40）指出基于舆情的语言规划是建立在把握语言舆情规律基础上的语言规划，需要树立以人民为中心的观念，以解决问题为目标，以系统、开放观为准则，提高语言规划的有效性和语言政策的传播效果。何山华（2017：83—91）从语言政策的视角对当前学界关于母语退出权的探讨进行了评析。尹小荣（2017：56—63）运用哥本哈根学派的安全化理论检视我国语言安全研究的现状及问题，认为语言安全研究应当在主导价值领域拓展的同时，实现指涉对象和行为主体的多样化，并从历时的角度建构安全化的过程。

3.3 语言政策、语言规划地区研究

本年度语言政策、语言规划地区研究在延续上年度研究的基础上稳定发展，在澳洲、美洲等传统研究地区之外，强调了欧洲、东亚等地区语言政策、语言规划的梳理和分析。

戴曼纯（2017：1—19）在分析欧盟多语制政治背景的基础上，探讨了欧盟主要机构实施多语政策的具体差异及原因。施建军、洪洁（2017：12—18）对日语的历史遗留

问题进行了梳理，对日语未来可能面对的语言问题进行了预判，并对日本为解决语言问题所采取的一些语言政策的得失进行了分析。董希骁（2017：19—28）结合文献资料和实地调研结果，从显性和隐性两个层面分析了摩尔多瓦语言政策的特殊性和复杂性，进而为我国的非通用语种教育规划提出三点建议。

3.4 语言政策、语言规划"一带一路"研究

本年度语言政策、语言规划"一带一路"研究持续升温，社会影响力进一步扩大。

阎莉（2017）提出在"一带一路"中推动汉语国际化与海外华裔汉语传承，推动少数民族语言开发利用，从而进一步加强我国的语言规划。崔萌、张鑫（2017：37—43）围绕语言人才培养、汉语国际传播、语言服务等方面如何与"一带一路"倡议相结合提出了一些思考，以期为我国语言战略规划提供参考。韩荔华（2017：61—69）在旅游景区普通话使用调查结果的基础上，主要讨论普通话作为解说服务语言的功能，归纳分析旅游景区汉字、汉语拼音、词语、语法、修辞、语篇、标点符号等在使用中出现的问题，最后提出相关解决对策。卢俊霖、祝晓宏（2017：67—73）认为"语言互通"是实现"一带一路""五通"建设的基础工程。"五通"建设可分为三个层级，分别对应三个层级的语言生活，语言规划应针对不同层级而确立不同侧重的战略定位与发展方向。陈颖（2017：42—50）对中国—东盟博览会参展企业的语言消费现状和语言需求的总体态势进行问卷调查，分析中国—东盟自贸区内东盟语言以及汉语两大潜在语言需求状况，在此基础上展望自贸区的语言产业市场发展前景并提出了建议。

四 计算语言学研究

2017年度民族语言计算语言学研究持续深入开展，研究领域包括字处理、词处理、句法语义处理几个方面。

4.1 字处理研究

字处理是语言信息化最基本的研究任务，包括字符收集、整理、描写、编码、识别等内容。

国家社科基金中华学术外译项目《藏文字符研究》（英文版）正式出版。该英文版参考了中文版《藏文字符研究》（社科文献出版社，2010年出版），把中国学术成果介绍给世界更多的读者，对传播、保存与发展藏族文化有着十分重要的意义。

民族文字识别是民族语言信息化的基础，在这方面的研究成果比较多，研究集中

在扫描识别和联机脱机手写识别方面,也包括与识别密切相关的字符、音节特征的研究。王维兰等(2017:64—73)开展"梵—藏"联机手写识别,提供基于部件组合的手写样本生成方法,解决了样本数量及多样性问题,奠定了手写梵音藏文识别的研究基础。贾晓栋(2017)研究彝文识别,建立了手写彝文数据集,采用深度学习方法研究彝文识别,该文是一篇硕士论文,研究结果还存在一些不足,但在彝文字符识别研究领域也值得关注。完么扎西、尼玛扎西(2017:405—411)提出在研究和分析藏文拼写文法的基础上,对计算机藏文快速输入法键盘键位布局进行形式化描述,推导计算机藏文键盘键位布局规则及方法。这些研究奠定了藏文的信息化的基础,对改进提高藏文键盘输入提供了一些数据基础。刘汇丹等(2017:61—70)针对从互联网获取的一份包含19万个藏文网页的文本语料,按照预定的规则对其中的藏文音节拼写错误情况进行统计与分析,文中还详细统计了各种不同表现形式的错误音节所占比重,并分析了导致拼写错误的四个主要原因。有利于对藏文音节级别的错误诊断,对藏文自然语言处理后续研究有十分重要的作用。飞龙等(2017:156—162)采用规则和统计相结合的方法研究西里尔蒙古文与传统蒙古文之间的相互转换,如果研究成果得到推广,有利于内外蒙古地区的交往和交流。

4.2 民族语言词法分析

本年度民族语言词法分析呈现新特点,中国中文信息学会民族语言文字信息处理专业委员会主导了第一届民族语言分词评测。在同一平台上,使用正确率(Precision)、召回率(Recall)和F值评价各个参与评测机构的分词结果,以F值排名。参加本次评测的单位28家,其中藏文11家,蒙文7家,维吾尔文5家,多语种参赛5家。本次评测对后续各民族语言词法分词技术改进具有促进作用。

本年度在藏文词法分析方法研究方面有一些创新,表现在把词向量技术应用到藏语词性标注中。如郑亚楠等(2017:112—117)提出一种基于词向量模型的词性标注方法和相应算法,首先利用词向量的语义近似计算功能,扩展标注词典;其次结合语义近似计算和标注词典完成词性标注。该方法能够快速有效地扩大标注词典规模,并能取得较好的标注结果。另外把音节标注的方法应用到词法分析中,针对藏语分词和词性标注中总会遇到未登录词这一特点,龙从军等(2017:89—93)提出以音节为单位进行标注,然后在分词和词性标注中利用音节标注信息,可以提供分词和词性标注效果。实验结果表明这种方法可以提供分词和词性标注准确率。

艾孜尔古丽等(2017:108—113)研究了初中数学教材中的词干,统计了初中数学教材中词干的基本情况,为维吾尔语研究、维吾尔文数学教学与教材编纂等提供参考依据。哈里旦木·阿布都克里木等（2017：1—6）则采用神经网络的方法进行维吾尔词干、词缀切分，主要是将维吾尔词自动切分为语素序列，缓解数据稀疏问题，充分利用双向上下文信息进行切分消歧，克服了语言处理中的数据稀疏问题，并有效利用了上下文信息，切分准确率得到了一定的保障。

命名实体识别是词法分析的重要内容之一。包敏娜等（2017：165—169）根据蒙古文命名实体的特点，采用机器词典进行命名实体的最大化匹配后引入有限状态自动机，取得了较好的识别效果。依靠词典匹配的方法在命名实体识别研究中属于传统方法，存在较多的缺点，利用统计和词典匹配相结合可能会取得更好的结果。热合木·马合木提等（2017：188—196）提出基于模糊匹配与音字转换的维吾尔语人名识别，对维吾尔语文本中不同类型的人名提出不同的处理策略，维吾尔语人名采用字母模糊匹配，对汉族人名则采用机器翻译方法。

4.3 民族语言句法分析

陶豆豆等（2017：92—98）研究维吾尔语名词短语待消解项识别，分析维吾尔语名词短语的语言指代现象，提取出相关特征并识别。指代消解在民族语言研究中成果不多见，本文的方法和思路值得其他民族语言借鉴。

乌日恒（2017）以传统蒙古文简单句为研究对象，开展简单句句法分析，文章采用基于规则的方法，自上而下地进行句法分析。李英（2017）同样以规则方法研究越南语的句法分析，同时阐述了从短语结构树库转化为依存树库的方法。

采用规则方法并不是句法分析的主流，大部分句法分析工具都采用统计方法，尤其是基于依存语法的句法分析是当前的研究热点。

民族语言面向机器分析的句法研究成果一直比较少，一方面是因为句法分析的难度比较大，句法树库基础资源少；另一方面，大多数民族语言数据稀缺，单纯追求技术而忽略基础研究，许多论文的实验也只能是在有限资源条件下的一种方法尝试，研究成果难以用于大规模文本信息处理中。

五 民汉双语教育研究

双语教育在我国民族教育事业中占有十分重要的地位，是推动民族地区教育发展，提升各民族人民语言能力，促进各民族交往、交流、交融和中华民族语言文化认同的重要途径。2017年，双语教育研究的成果较为丰硕，这些成果大体分为两类：一类是带有理论性的宏观研究；另一类是专题性研究，其中新疆双语教育仍是重点。

5.1 双语教育宏观理论研究

关于双语教育的内涵、性质和目标，基于不同的政策和学术背景，国内外学界的认识不完全一致。进入21世纪以来，我国民族地区社会经济快速发展，双语教育在内容、形式上都呈现出很多新特点，关于双语教育内涵、性质和目标的宏观理论研究也成为学术热点之一。2017年的研究，总的研究特点是尝试运用不同的理论视角，并都具有较强的现实针对性。

不少论著基于语言和文化多样性价值观探讨双语教育的性质。如苏德、刘玉杰（2017：148—155）从人类学视角出发，指出双语教育具有培育人类共同文化、尊重人类差异、传承与保护各民族优秀文化的价值意义。当前双语教育需培育科学双语教育观，加强"语言平等"和"语言资源"意识。马锦卫、马尔体（2017：26—32）指出民汉双语教育是促进我国多元文化和谐发展的根基，对多元文化教育有重要意义。马文华（2017：144—151）认为亟待进行双语教育合目的性研究，双语（多语）、双文化（多文化）、人的全面发展是三方面的基本要求。

王兆璟等（2017）的《民族双语教育的理论与实践研究》一书，在理论层面探讨了双语教育的内涵、政策、模式、目标以及与族群认同的关系；在政策层面基于认同视角，系统分析比较了美国、加拿大、澳大利亚、新西兰以及我国新疆的双语教育政策及身份认同构建问题；在实践层面基于语言生态学视角和中外双语教学模式比较研究，对新疆双语教育模式的实践及构建进行了系统阐释。该成果基于特定的理论框架，同时又以世界性视角考察新疆双语教育理论和实践，有较高的学术价值。

5.2 双语教育专题研究

5.2.1 双语教育政策和模式

双语教育是涉及政府和社会各层面的综合性文化事业，政策、教学模式、教材、师资以及其他社会文化条件等因素都会制约和影响双语教育顺利发展及教育目标实现。关于特定民族和地区双语教育政策和实施路径的研究角度和观点各异，但总的认识是必须实事求是，在国家总体双语教育方针指导下，遵循双语教育规律，因族施策、因地施策，扎实稳妥推进，不能机械、脱离实际地搞双语教育大跃进。

王晋军等（2017：147—156）指出，在多语、多民族的国家，语言生态是双语教育政策制定的根本依据，而双语教育政策反过来也会调适和影响语言生态。成功的双语教育政策有助于语言生态的良性发展和民族融合；而不切实际的双语教育政策则会危及语言生态，激化社会矛盾。袁梅等（2017：105—110）认为，双语教育的范式需要从语言的工具性向本体性偏移,从单向灌输向对话交流偏移,从显性教育向隐性教育偏移。汪丽娟(2017:148—154)以凉山州双语教育的两类模式为例,指出双语教育的核心问题是处理尊重少数民族语言权利与教育公平的关系。

5.2.2 关于双语教育的教学评估

双语教育的成效如何,需要科学的绩效评价体系来进行评估。评价体系本身具有导向性,且应基于特定民族和地区的实际情况来构建。关于双语教育的绩效研究成果本年度有所增加,这是双语教育研究的新进展。

任玉丹等(2017:65—72)对新疆地区3种教育模式下的242所小学校长及六年级13785名学生进行多水平回归分析,认为学前双语教育、民族教师比例、家庭教育环境对学生汉语成绩存在显著影响,并提出了针对性建议。杨胜才等(2017:146—151)基于"内部条件、外部条件、主观绩效和客观绩效"四个维度对广西壮族自治区南宁市武鸣区4所中小学的双语教育政策绩效进行了研究。赵晓非等(2017:130—140)经过测评,认为新疆2012—2016年幼儿初步汉语能力整体提升,学习难点是属于语言输出内容的"汉语词汇掌握"和"初步语句意识"。因此,少数民族学前汉语教学应更关注民族差异、生活化、学习情趣和表达性技能,科学制定教学内容,有效发展幼儿的初步汉语能力。

5.2.3 信息化与双语教育

信息化是民族教育发展的重大机遇。不少研究成果日益关注双语教育的技术手段,特别是信息化条件下的发展问题。耿才华、拉格(2017:40—45)指出,网络教育以资源利用最大化、学习方式灵活、教学形式个性化以及高效率、低费用的特点,为提高双语教育成效提供了良好的平台,应注重双语教育网络资源的建设,加大双语教育信息化理论体系的构建。唐菊花等(2017:163—167)从大数据发展角度,讨论了建构维汉双语的多元化学习方式、满足个性化学习需求等应用前景。

5.2.4 "一带一路"与双语教育

在"一带一路"建设大背景下,语言作为"人心相通、文化相通"的重要载体,其功能日益凸显。基于这一目标来考察,我国双语教育事业特别是跨境民族地区的双语教育事业还有很多不足和极大的提升空间。

谷亚华、吴霓、古文凤(2017:73—76)阐述了在"一带一路"背景下大力发展云南跨境民族双语教育的必要性及发展对策。王鉴(2017:36—38)认为,我国民族教育发展水平不能满足"一带一路"战略对高层次人才和高质量文化产品的需求。在双语教育方面,主要表现为供需失衡、民汉教师数量失衡、专业结构失衡。核心是通过有效手段,建设一支"民汉比例合适、民汉语言兼通"的高水平师资队伍。安丰存等(2017:74—

78）认为，中国朝鲜族作为跨境民族之一长期开展朝鲜语—汉语双语教育，成效显著。在"一带一路"背景下，延边地区的双语教育体现出其示范意义，可以为我国其他民族地区的跨境语言双语教育提供宝贵经验。

5.2.5 新疆双语教育研究

自2004年快速推进双语教育10年来，新疆双语教育是当前我国民族教育的热点，受到国内外学界的普遍关注，本年度的研究成果仍比较丰富，研究角度也比较多样，共同的特点是问题导向，现实针对性强。

相比起内地，新疆的双语教育承载了更多的需求。汤允凤、王阿舒（2017：147—150）认为，新疆双语教育是现代公民意识建构的主要阵地，可以在双语教育工作中采取多种手段，强化公民意识，达到统一国家认同、维护新疆社会和谐发展的目的。

新疆双语教育政策取得了很大成就，但由于客观条件限制，某些地方的双语教育没有取得预期的效果，学界对此也有不少建议和呼吁。胡炳仙、焦雯静（2017：21—24）认为，由于存在理论、制度和资源供给不足的问题，新疆双语教育政策的实施面临诸多困难，需要加强理论创新，构建合理制度体系，增加优质资源供给。

针对新疆某些地区双语教育存在单语化、工具化的倾向，研究认为双语教育不是简单的语言教学问题，不能脱离少数民族语言语境开展双语教育。蔡文伯等（2017：49—54）指出，新疆少数民族双语教育必须建立在符合新疆少数民族社会的基础上，在不脱离少数民族语境的前提下开展双语教育，使民族教育和民族文化背景相契合，使新疆双语教育实现质的发展。香雅娟（2017：37—43）以"多元文化整合教育"理论为指导，分析了新疆双语教育的四种模式，提出了区分"双语教育"与"双语教学"、语言学习与文化学习并重、发展多元文化背景下的双语教育、尊重地域差异、鼓励地方双语教育模式创新、以儿童发展规律为基础开展双语教学等建议。

5.2.6 跨国和国外双语教育研究

国外双语教育研究，以及基于中外比较的双语教育研究，近年来也稳定地占有一定比例。研究的目的，旨在为国内双语教育提供新的理念和实践参照，具有理论和现实针对性。本年度主要的研究成果如：郭辉（2017：78—84）从教育生态学角度，认为双语教育政策的生态环境是由自然环境、社会环境和精神环境构成的复合生态环境，并基于此视角对中国、加拿大双语教育政策进行了比较分析。李刚、邓峰（2017：118—124）考察了美国不同历史阶段的双语教育，认为其内在发展规律有：政治因素决定政策发展和变迁方向；多元文化推动；地方政府决定执行力和效果；语言价值取向决定政策目标。

本年度，还有一些质量较好的双语教育学位论文。如孙芳《新疆中小学双语教育政策执行主体的偏差行为研究》、杨晶晶《甘南地区藏汉双语师资现状分析及对策研究》、杨维《基础藏汉双语教育现状调查与研究》等。

六　语言生态研究

6.1　理论探索

学术界对语言生态研究的进一步深入，学界对其定义、概念、理论体系、方法论等问题进行了讨论。肖自辉、范俊军（2017：94—99）认为近十几年（2006—2016）国内外生态语言学学科发展有几个凸显特点：研究队伍壮大、学术交流频繁、新著新论主题广泛；学科内涵进一步丰富和明确，研究主题得到了深化，研究领域也不断拓新，学科交叉属性得到彰显。但学科研究和发展也存在研究范围过于宽泛、方法个性可能被淡化、应用技术和服务社会研究有待拓展等问题。黄国文、陈旸（2017：38—46）认为，在过去的30年里，生态语言学或语言生态学，作为语言学的一个新兴分支发展迅猛。但关于它作为一个独立学科的定位，目前还没有普遍接受的说法。该文从学科设立的角度讨论，对其兴起、目标、理论基础、任务、研究范围等进行勾画，同时对国外学者有关观点进行回顾和分析，希望语言学界来关注这一新兴学科。李雯雯（2017：89—96）对Thomas Ricento所编四卷本《语言政策与规划：语言学中的关键概念》的第四卷"语言政策与全球化"进行了简要评论，分析其对中国语言政策与规划研究的启示。傅伟锋（2017：88—89）基于国家安全和社会和谐的战略维度，提出了建设我国语言生态环境的具体方略，对于构建语言生态文明、促进我国的社会发展及维护国家稳定与安全都有着重要价值。

对以往学术研究进行总结与回顾，有助于推动学科理论提升和发展。李美霞、沈维（2017：8—17）追溯了生态语言学的研究流变，尝试性地提出了未来生态语言学关注的话题及发展趋向。凌征华、曾小荣、伍晓艳等（2017：89—93）通过介绍和评述《生态语言学：语言、生态和我们赖以生存的故事》一书，使读者了解语言与自然生态互动研究路径，为构建和谐世界服务。周文娟（2017：24—28）就黄国文对中国语言生态学的贡献进行了评述。赵无忌（2017：99—110）探讨了豪根模式与韩礼德模式生态语言学研究方法，分析了日本学者冈崎敏雄与宇都宫裕章关于生态语言学的研究，认为冈崎与宇都宫的观点有理论价值，对生态语言学的积极思考与探索值得我国相关学者借鉴和思考。林美珍（2017：31—39）对1985—2016年有关生态语言学研究的文献进行词频共现和聚类分析，研究结果表明相关研究论文数量逐年稳步增长，研究主题、研究视野和研究方法日趋多元化和多样化，文章还讨论了国内生态语言学研究中存在的问题及未来发展趋势。魏榕、何伟（2017：38—41）介绍了2017年4月在北京召开的"第一届生态语言学战略发展研讨会"，认为研讨会的四个主旨发言将对国内生态语言学的发展起到引导作用，在此次会议上，成立了"中国生态语言学研究会"，该研究会对于生态语言学在中国甚至在全世界的发展，都会发挥推动作用。冯广艺、李晓芸（2017：171—175）认为"语言分享"是一种通过语言信息的获取创造社会价值的分享模式。语言是社会共有财富，是一种宝贵资源，是国家"软实力"的体现。语言分享是一种资源分享，是当今语言生态的新常态，是人们行使语言权利的表现。语言分享必须遵循"己所不欲，勿施于人"，"用则不疑，疑则勿用"，社会协作，共同利益，平等互利，和谐相处等原则。

6.2 实践研究

6.2.1 民族语言生态研究

王德和、齐卡佳（2017：69—75）从濒危语言记录和典藏的角度出发，讨论了尔苏语拼音方案的构建要点。王丽、施璐（2017：43—49）结合语言生态理论和独龙族独特的生活方式与发展特点，对独龙族的语言生态情况进行了调查研究，对独龙语的濒危情况做出科学评估，对抢救独龙语提出科学对策。张文娟、寸红彬（2017：244—247）以实地调查资料为依据，使用语言代际传承、语言使用者的绝对人数、语言使用人口占总人口的比例、语言使用域的走向、对新语域和媒体的反应、语言教育材料与读写材料、政府与机构的语言态度和政策、族群成员对母语的态度、语言记录材料的数量与质量等指标来分析普标语的语言生态，并分析其外部和内部生态环境成因。杨海龙、郭利（2017：55—60）以中国塔吉克族聚居区语言生态系统的共时状态为对象，研究塔吉克族聚居区多语使用的不对等性。杨丽琴、杨建兰（2017：30—32）认为，随着社会的发展，彝语受到汉语冲击，彝族居民使用语言已不再是纯粹的彝语，而是一种汉彝中介语。在借词的使用、语言流失以及词义的扩大等多重影响下，汉彝中介语的使用也越发汉化，这充分证明了彝语的生存、使用与推广遇到了困难与挑战，要构建和谐的语言生态，除了要从根本上提高人们对彝语的保护与传承意识，还需要加强彝语语言与文字的学习、使用和推广。

冯广艺、李庆福等（2017）对黎语、瑶语、瑶族古文字、女书、仡佬语等语言文字及其生态环境进行了调查和研究，书中内容既有对民族地区语言生态的定量调查也有定性分析，是近年来南方少数民族语言生态研究的个案典型。许晋（2017）以内蒙古人口较少民族的语言生态为研究对象，对内蒙古自治区的达斡尔、鄂伦春、鄂温克和俄罗斯等4个人口较少民族的语言生态的变迁过程进行了描写，并对这些民族语言的活力和生存状况做出评估。该书还从经济、教育、媒体、民族政策等多个视角出发，分析上述因素与内蒙古人口较少民族的杂居区语言生态格局之间的相互关系，指出当前内蒙古人口较少民族的杂居区语言生态面临的主要问题，提出构建内蒙古和谐民族语言生活的对策和建议。

范俊军、肖自辉（2017）编著的《语言社会生态调查和话语记录用表》是语言及生态田野调查必备的工具手册。该书提供了自然话语记录用表、话语记录资料存档表、语言调查记录协议、说话人基本情况表、参加调查人员基本情况表、自然话语分类表、独白话语记录表、情景对话记录表、娱乐话语记录表、语言社会生态调查用表、语言调查点乡镇概况表、语言社区居民点概况表、县区语言社会生态调查表、语言社会生态评估指标、语言社会生态实时观察指引、语言社会生态实时观察记录用表、语言社会生态调查访谈提纲、语言社会生态调查访谈记录表、语言使用情况问卷表、问卷调查情况统计分析表等，并附录了中国语言记音所用国际音标总表、国际音标unicode代码、国际音标原表以及濒危语言自然话语转写规则。

6.2.2 和谐语言生活创建研究

黄靖莉（2017：68—71）认为，城镇化带来少数民族人口的变动和迁移，民族人口为适应城市社会需要学习普通话和当地语言，另一方面人口迁移带来了语言使用人群结构变化和语言代际断层现象。维护少数民族语言生态平衡，要采取有效措施保护少数民族语言及地方方言。罗兴贵（2017：63—66）指出，贵州少数民族地区长期存在双语和三语使用的情况，这是贵州少数民族地区安定团结、和谐发展的基石。在经济不断发展、文化相互碰撞的今天，必须在领导层面及各方面加强对双语现象的认识，促进少数民族地区双语和谐生态的全面发展。夏耕（2017：65—73）以广西壮族自治区来宾市忻城县的壮语语言生态调查为例，认为社会生态因素影响力度大于自然生态因素，经济生态制约语言的社会文化功能，语言价值认同差异制约语言态度和语言使用，只有科学构建经济生态环境和语言功能生态环境，才能构建良好的语言生态环境，达到语言和谐的目的。陈虹樾（2017：187—188）对网络流行语的类型、整体性以及网络流行语的动态性等进行了解读；针对网络流行语仿制现象严重、污染语言环境以及过度陌生化等问题，提出了促进网络流行语与生态语言环境和谐发展对策。陈筱姁（2017：89—94）从语言参与和语言环境两个维度探究舟山儿童语言偏好的差异，深入剖析其影响因素及变化趋势，揭示语言生态环境的开放性和动态性。苏杰（2017：27—34）主要探讨上海城市语言生态系统中私人标牌所体现出的语言权势与文化权势的关系。朱季康（2017：33—34）指出，民国时期小学母语教育面临着复杂的生态环境。民国学界关于小学母语教育思想的讨论主要集中于标准国语的界定以及国语推广与少数民族母语教育的矛盾两方面，这些讨论受制于民国小学母语教育的客观生态。

七 濒危语言研究

　　无论在学术研究领域还是语文工作层面，濒危语言保护都是近年来引人关注的一个热点。中国语言资源保护工程多年连续设立濒危语言（方言）专项。2017年5月教育部办公厅、国家民委办公厅联合下发《关于部署中国语言资源保护工程2017年度少数民族语言调查的通知》，在本年度规划实施的80个少数民族语言调查点中包括有13个濒危语言点。此前开展的多个少数民族濒危语言调查项目也开始组织出版濒危语言志。

　　2017年11月26日在北京举办的中国社会科学院与澳大利亚墨尔本大学"语言传承与保护"联合工作坊上，孙宏开、戴庆厦、徐世璇、王锋等多位专家介绍了中国语言（尤其是濒危语言）保护的理论方法、理念路径以及实践个案。

　　在学术研究方面，本年度发布的研究成果有数十项。主要集中于濒危语言个案调查研究和保护方式探索方面。孙宏开（2017：17—24）通过对中缅边境地区怒江傈僳族自治州怒族使用的阿侬语20多年来的跟踪调查，认为该语言已经从濒危走向严重濒危，如果没有有效的语言保护措施，在未来10—20年有可能因完全失去交际功能而消亡。濒危满语文的保护问题为学术界持续关注。曹萌、张剑钊（2017：6—9）将当前中国保护抢救满语文的主要措施归纳为：加大满语专业人才培养力度；组织专业人才抢救和挖掘现存满语，调查掌握大量语言材料以及独特的文化习俗；在满族聚居地举办满语班，使满族少年得以接受民族语言的早期启蒙；加紧制作保存现存满语口语的录音、录像资料等。黑龙江省富裕县三家子村是满语保存最好的地区，但其满语的母语连续性已经断裂。郭孟秀（2017：5—8）认为当前各类学校的满语教学无法有效保护与传承满语文，建议应该从历史发展的角度，理性认识满语现状。在进行全面调查研究的同时，制定行之有效的保护传承政策是当今满语文保护传承工作的首要任务。尔苏语是20世纪80年代在川西南新发现的一个小语种，目前已高度濒危。王德和、齐卡佳（2017：69—75）从濒危语言记录和典藏的角度出发，讨论了尔苏语拼音方案的创制问题，提出了一套拼音转写系统，包括标准音点的选择及拼音方案。毛南语也被列为濒危语言，但在广西环江毛南族自治县的下南乡却被较为稳定地使用着。张景霓、李胜兰（2017：23—27）通过对下南乡毛南族的族群聚居、语言态度、民族意识、经济模式以及国家的少数民族政策等情况的调查，从生态语言学的角度探析下南乡毛南族稳定使用毛南语的成因。

　　关于濒危语言保护的理论方法探索，袁丹、詹芳琼（2017：50—60）通过对国外若干濒危语言保护项目的考察，分析了它们的目标导向、科学手段等特点，指出其中存在规范不足等问题,认为中国语言资源保护工程应加快建设"语保工程"语言资源网站,推进中国境内少数民族语言和方言的语言活力评估,挖掘公众智慧,群策群力工作,注重规范,严控质量。范俊军(2017:30—35)对中国濒危语言记录和数据库建设的技术问题进行了探索,并为中国濒危语言自然话语转写提出了一套规则,具体包括:规则的定义和范围;引用和参考的规范性文件;口语现象;转写规则;转写符号集。该规则适用于中国濒危语言自然话语的采集、记录和建档,也可作为中国语言口语语料库建设的参考准则。

濒危语言是全球化时代、现代化进程中出现的世界性语言生态问题,同时也是当代中国在语言生活和语言发展中面临的一个挑战。中国的濒危语言保护具有自己的实践特点,取得的经验和成果需要不断进行科学探索总结。

参考文献

艾孜尔古丽、艾孜海尔江、玉素甫·艾白都拉、祖力克尔江、米尔夏提:《维吾尔文初中数学教材词干分析研究》,《中文信息学报》2017年第5期。

安丰存、赵磊:《跨境语言双语教育对国家对外发展战略的基础作用——以延边地区的朝汉双语教育为例》,《东疆学刊》2017年第3期。

包敏娜、斯·劳格劳:《基于词典匹配的蒙古文命名实体识别研究》,《中央民族大学学报》(哲学社会科学版)2017年第3期。

蔡文伯、王雨疏:《惯习与断裂:少数民族语境下的双语教育优化策略》,《当代教育与文化》2017年第1期。

曹萌、张剑钊:《当代满语文濒危与保护抢救情况》,《满族研究》2017年第2期。

陈虹樾:《生态语言学视阈下的网络流行语》,《高教学刊》2017年第4期。

陈筱姁:《生态语言学视域下舟山儿童语言偏好差异性研究》,《浙江海洋学院学报》(人文科学版)2017年第2期。

陈颖:《"一带一路"背景下中国—东盟自贸区的潜在语言市场研究——基于中国—东盟博览会调查数据的实证分析》,《语言文字应用》2017年第3期。

崔萌、张鑫:《服务于"一带一路"倡议的语言战略》,《语言政策与规划研究》2017年第1期。

戴曼纯:《欧盟多语制与机构语言政策》,《语言政策与规划研究》2017年第1期。

戴庆厦:《"科学保护各民族语言文字"的理论与实践——"语言保护"实施后的五年回顾》,《贵州民族研究》2017年第2期。

丁文楼:《双语教育:"科学保护各民族语言文字"的根本途径——以"本溪模式"满语教学为例》,《满族研究》2017年第2期。

董希骁:《语言政策研究对中东欧语种教育的启示——以摩尔多瓦共和国为例》,《语言政策与规划研究》2017年第1期。

范俊军:《中国濒危语言自然话语转写规则(试行)》,《暨南学报》2016年第10期。

范俊军、肖自辉编著:《语言社会生态调查和话语记录用表》,广东人民出版社有限公司,2017年。

飞龙、高光来、王洪伟、路敏:《基于规则和统计相结合的西里尔蒙古文到传统蒙古文转换方法》,《中文信息学报》2017 年第 3 期。

冯广艺、李庆福：《南方少数民族语言生态研究》，中国社会科学出版社，2017 年。

冯广艺、李晓芸：《论分享经济社会中的"语言分享"》，《中南民族大学学报》（人文社会科学版）2017 年第 4 期。

傅伟锋：《国家安全和社会和谐视角下我国的语言生态环境建设方略》，《文学教育》（下）2017 年 10 月。

耿才华、拉格：《现代教育技术背景下少数民族双语教育发展的思考》，《民族教育研究》2017 年第 4 期。

谷亚华、吴霓、古文凤：《论"一带一路"背景下云南跨境民族文化安全与双语教育》，《民族教育研究》2017 年第 5 期。

郭　辉：《基于教育生态学视阈的中加双语教育政策比较研究》，《民族教育研究》2017 年第 2 期。

郭孟秀：《现代语境下满语保护与传承的反思》，《满语研究》2017 年第 1 期。

哈里旦木·阿布都克里木、程勇、刘洋、孙茂松：《基于双向门限递归单元神经网络的维吾尔语形态切分》，《清华大学学报》（自然科学版）2017 年第 1 期。

韩荔华：《一带一路中国旅游景区普通话使用情况调查研究》，《语言文字应用》2017 年第 1 期。

何山华：《放弃母语的权利：语言政策与规划维度的思考》，《语言战略研究》2017 年第 1 期。

胡炳仙、焦雯静：《供给不足对新疆实施双语教育政策的制约及应对策略》，《中南民族大学学报》（社会科学版）2017 年第 1 期。

黄国文、陈旸：《作为新兴学科的生态语言学》，《中国外语》2017 年第 5 期。

黄靖莉：《城镇化进程中促进民族语言生态平衡对策探究》，《贵州民族研究》2017 年第 3 期。

黄少安：《语言经济学专题》，《语言政策与规划研究》2017 年第 1 期。

贾晓栋：《基于深度学习的手写彝文识别技术应用研究》，中央民族大学硕士学位论文，2017 年。

姜　莉：《城市化背景下少数民族语言使用功能的变化》，《贵州民族研究》2017 年第 7 期。

李　刚、邓峰：《美国少数民族双语教育历史演变及规律探索》，《民族教育研究》2017 年第 2 期。

李开拓：《〈中国语言生活状况报告〉成果再开发利用的思考》，《语言文字应用》2017 年第 2 期。

李美霞、沈维：《域内外生态语言学研究流变与发展趋向》，《北京科技大学学报》（社会科学版）2017 年第 6 期。

李　圃：《我国图瓦人语言使用现状研究——白哈巴村个案调查》，《中央民族大学学报》（哲学社会科学版）2017 年第 2 期。

李雯雯：《全球化背景下的语言规划研究——〈语言政策与规划·语言政策与全球化〉述评》，《语言战略研究》2017 年第 5 期。

李　英：《越南语句法分析与树库转化方法研究》，昆明理工大学硕士学位论文，2017 年。

李英姿：《〈语言政策与规划的研究方法：实践指南〉介绍》，《当代语言学》2017 年第 2 期。

林美珍：《中国生态语言学研究现状与趋势——基于 CNKI 数据库的计量分析》，《北京科技大学学报》（社会科学版）2017 年第 6 期。

凌征华、曾小荣、伍晓艳：《语言与自然生态的互动研究——兼评〈生态语言学：语言、生态和我们赖以生存的故事〉》，《江西理工大学学报》2017 年第 6 期。

刘汇丹、洪锦玲、诺明花、吴健：《基于大规模网络语料的藏文音节拼写错误统计与分析》，《中文信息学报》2017 年第 2 期。

龙从军、刘汇丹等：《藏语音节标注研究》，《中文信息学报》2017 年 4 期。

卢俊霖、祝晓宏：《"一带一路"建设背景下"语言互通"的层级、定位与规划》，《语言文字应用》2017 年第 1 期。

罗兴贵:《贵州少数民族地区双语和谐生态的构建》,《广西民族师范学院学报》2017年第2期。
马锦卫、马尔体:《民汉双语教育是促进我国多元文化和谐发展的根基》,《民族高等教育研究》2017年第5期。
马文华:《少数民族双语教育的合目的性探究》,《新疆师范大学学报》(哲学社会科学版)2017年第5期。
卿雪华、王俊清:《西盟岳宋佤族语言使用现状及成因探析》,《普洱学院学报》2017年第1期。
热合木·马合木提、于斯音·于苏普、张家俊、宗成庆、艾斯卡尔·艾木都拉:《基于模糊匹配与音字转换的维吾尔语人名识别》,《清华大学学报》(自然科学版)2017年第2期。
任玉丹、吴瑞林:《学校教育资源对少数民族学生汉语成绩的影响——基于新疆大规模教育测评结果的分析》,《民族教育研究》2017年第5期。
施建军、洪洁:《日本的语言文字问题及其相关语言政策》,《语言政策与规划研究》2017年第1期。
宋安琪:《海南黎族青少年群体语言使用情况研究——以昌江黎族自治县为例》,《海南广播电视大学学报》2017年第2期。
苏德、刘玉杰:《人类学视域下民族地区双语教育问题研究》,《中央民族大学学报》(哲学社会科学版)2017年第3期。
苏杰:《上海私人标牌中的语言权势与文化权势》,《语言战略研究》2017年第2期。
孙宏开:《阿侬语的二十年变迁:由濒危走向严重濒危》,《语言战略研究》2017年第4期。
汤允凤、王阿舒:《新疆双语教育与公民意识培养》,《新疆社会科学》2017年第1期。
唐菊花、张颖:《大数据时代维汉双语教学的境遇与实现方式》,《西南师范大学学报》(自然科学版)2017年第10期。
陶豆豆、禹龙、田生伟、赵建国、吐尔根·依布拉音、艾斯卡尔·艾木都拉:《维吾尔语名词短语待消解项识别》,《中文信息学报》2017年第5期。
完么扎西、尼玛扎西:《藏文的信息熵与输入法键盘设计》,《北京大学学报》(自然科学版)2017年第3期。
汪丽娟:《围绕民汉双语教育的讨论——以凉山彝族自治州彝汉双语教育为例》,《青海民族大学学报》2017年第4期。
王春辉:《〈语言政策与规划·理论与历史基础〉述评》,《语言战略研究》2017年第2期。
王德和、齐卡佳:《中国濒危尔苏语言抢救保护与尔苏语拼音转写方案的创建》,《西南民族大学学报》(人文社会科学版)2017年第4期。
王寰、赵蓉晖:《〈语言政策与规划研究方法:实践指南〉述评》,《语言战略研究》2017年第1期。
王鉴:《"一带一路"与民族教育发展的新机遇》,《中国民族教育》2017年第1期。
王晋军、刘娟娟:《语言生态视域下的双语教育政策研究》,《英语研究》2017年第2期。
王娟:《新疆维吾尔族大学生的语言态度》,《陕西师范大学学报》(哲学社会科学版)2017年第4期。
王丽、施璐:《行走在祖国的边陲——独龙族语言生态研究分析》,《保山学院学报》2017年第4期。
王利众、朱丽平、赵小兵:《通信及网络对少数民族青少年民族语言文字使用影响研究——以新疆为例》,《吉林广播电视大学学报》2017年第9期。
王维兰、卢小宝、蔡正琦、沈文韬、付吉、才科扎西:《基于部件组合的联机手写"藏文—梵文"样本生成》,《中文信息学报》2017第5期。
王远新:《"一寨两国"的语言生活——云南省瑞丽市云井村村民语言使用和语言态度调查》,《陕西师范大学学报》(哲学社会科学版)2017年第4期。
王兆璟:《民族双语教育的理论与实践研究》,民族出版社,2017年。

魏晖:《语言舆情与语言规划》,《语言文字应用》2017 年第 1 期。
魏榕、何伟:《生态语言学的兴起与多样化发展:"第一届中国生态语言学战略发展研讨会"综述》,《北京科技大学学报》(社会科学版)2017 年第 4 期。
乌日恒:《"自上而下"的传统蒙古文简单句句法分析研究与实践》,内蒙古大学硕士学位论文,2017 年。
夏耕:《壮语生态保护研究——以广西猫洞村为例》,《语文学刊》2017 年第 2 期。
香雅娟:《多元文化背景下对新疆双语教学模式现状及发展的思考》,《民族高等教育研究》2017 年第 6 期。
肖自辉、范俊军:《生态语言学的发展、创新及问题:2006—2016》,《南华大学学报》(社会科学版)2017 年第 3 期。
许晋:《内蒙古人口较少民族居住区语言生态与语言传承研究》,中国社会科学出版社,2017 年。
阎莉:《在一带一路建设中加强我国语言规划》,《人民日报》2017 年 10 月 26 日。
杨海龙、郭利:《中国塔吉克族聚居区多语使用的不对等性调查研究》,《喀什大学学报》2017 年第 1 期。
杨丽琴、杨建兰:《汉彝中介研究及其思考——以宁蒗彝族自治县为例》,《现代语文》2017 年第 2 期。
杨胜才、柳劲松、苏美玲:《广西壮族自治区双语教育政策绩效研究》,《云南民族大学学报》(哲学社会科学版)2017 年第 5 期。
尹小荣:《语言问题安全化的反思》,《语言政策与规划研究》2017 年第 1 期。
袁丹、詹芳琼:《国外八大濒危语言保护项目成效、特点与启示》,《语言战略研究》2017 年第 4 期。
袁梅、刘玉杰:《从语言到话语:我国民族地区双语教育范式的偏移》,《广西师范大学学报》(哲学社会科学版)2017 年第 3 期。
张景霓、李胜兰:《下南乡毛南族稳定使用毛南语的成因探析》,《黔南民族师范学院学报》2017 年第 2 期。
张文娟、寸红彬:《普标语言生态研究》,《价值工程》2017 年第 11 期。
赵无忌:《多维视野中的生态语言学研究》,《西南林业大学学报》(社会科学)2017 年第 4 期。
赵晓非、王陆正、唐欢:《少数民族学前幼儿汉语词汇和语句能力的测评分析——基于新疆双语幼儿园双语教育的质量监测》,《民族教育研究》2017 年第 6 期。
郑亚楠、珠杰:《基于词向量的藏文词性标注方法研究》,《中文信息学报》2017 年第 1 期。
《中国语言生活状况报告》课题组编:《中国语言生活状况报告(2017)》,商务印书馆,2017 年。
周文娟:《中国语境下生态语言学研究的理念与实践——黄国文生态语言学研究述评》,《西安外国语大学学报》2017 年第 3 期。
朱季康:《语言统一的追求:民国小学母语教育的生态与矛盾》,《南京晓庄学院学报》2017 年第 3 期。

A Review of Application-oriented Research on Ethnic Minority Languages in 2017

Wang Feng, Yan Haixiong, Yin Weibin, Zhang Jun, Huang Xiaolei & Long Congjun

Abstract: To provide a general view of the yearly development of and also a reference for future application-oriented research on ethnic minority languages, this paper reviews 2017's main results and their major academic viewpoints in China in the field of application-oriented ethnic minority language research in the following research areas: theory of the protection in a scientific way of various spoken and written ethnic minority languages, the use of spoken and written ethnic minority languages and the linguistic national conditions, planning of and policy on ethnic minority languages, informatization of spoken and written minority languages (computational linguistics), bilingual education in ethnic minority languages and Chinese, the ecological construction of ethnic minority languages, and the protection of endangered minority languages.

Keywords: the year 2017; ethnic minority languages; application-oriented research; review

（通信地址：100081 北京 中国社会科学院民族学与人类学研究所）